utb 5597

Eine Arbeitsgemeinschaft der Verlage
Brill | Schöningh – Fink · Paderborn
Brill | Vandenhoeck & Ruprecht · Göttingen – Böhlau
Verlag · Wien · Köln
Verlag Barbara Budrich · Opladen · Toronto
facultas · Wien
Haupt Verlag · Bern
Verlag Julius Klinkhardt · Bad Heilbrunn
Mohr Siebeck · Tübingen
Narr Francke Attempto Verlag – expert verlag · Tübingen
Ernst Reinhardt Verlag · München
transcript Verlag · Bielefeld
Verlag Eugen Ulmer · Stuttgart
UVK Verlag · München
Waxmann · Münster · New York
wbv Publikation · Bielefeld
Wochenschau Verlag · Frankfurt am Main

Christian Mariacher

Lernmaterialien gut gestalten

Verlag Julius Klinkhardt
Bad Heilbrunn · 2021

Online-Angebote oder elektronische Ausgaben zu diesem
Buch sind erhältlich unter www.utb-shop.de

Die Deutsche Bibliothek – CIP-Einheitsaufnahme
Die Deutsche Nationalbibliothek verzeichnet
diese Publikation in der Deutschen Nationalbibliografie;
detaillierte bibliografische Daten sind im Internet
über http://dnb.d-nb.de abrufbar.

Einbandgestaltung: Atelier Reichert, Stuttgart.
Titelbild, Satz, Gestaltung: Atelier Mariacher, Innsbruck.

Druck und Bindung: Friedrich Pustet, Regensburg.
Printed in Germany 2021
Gedruckt auf chlorfrei gebleichtem alterungsbeständigem Papier.

utb-Band-Nr.: 5597
ISBN 978-3-8385-5597-3 digital
ISBN 978-3-8252-5597-8 print

Für Günther Mariacher

Inhalt

Vorwort

Manchmal nehme ich einen Text zur Hand, nur um ihn gleich wieder wegzulegen. Kennen Sie das? Zu trocken, zu erschlagend, in Sprache und Format. Andere Texte hingegen ziehen mich förmlich hinein, halten mich gefangen, erschließen sich mir ganzheitlich sogar dann, wenn das Thema abstrakt ist und nicht zu meinen Interessengebieten gehört.

Bereits der erste Blick steuert entscheidend das Lese- und Lernverhalten: Das typografische Design stellt die Beziehung zu Sprache und Inhalt her, weckt Neugierde und schafft Zutrauen. Oder bewirkt das Gegenteil, etwa wenn ich vor einer Bleiwüste sitze und im seitenlangen Fließtext ertrinke, um am Ende erst wieder oben anfangen zu müssen, damit sich mir der Inhalt des Gelesenen vielleicht doch erschließt. Den Unterschied macht die visuelle Gestaltung. Sie entscheidet bei der Erstellung von Lehr- und Unterrichtsmaterialien mit, was und wie gelernt wird. Trotz dieser Wirkmacht spielt die typografische Gestaltung von Lernmaterialien in der Lehrerbildung ein stiefmütterliches Dasein!

Christian Mariacher greift dieses Defizit mit seiner Expertise in visueller Kommunikation auf. Er führt in einer anregenden Reise durch die wesentlichen Bereiche von Typografie und Informationsdesign vor Augen, wie klug eingesetzte Gestaltungsmittel komplexe Sachverhalte zu erschließen vermögen. Auf Basis seines umfangreichen Erfahrungsschatzes erläutert er anhand praktischer Beispiele die Wirksamkeit grafischer Designprinzipien. Allerdings nicht über die Vorgabe des „So geht's!“, vielmehr führt er Interessierte in die Spielregeln der visuellen Kommunikation ein, indem er deren „dienenden“ Charakter für die gelungene Aufbereitung der Lehr-Lernmaterialien betont. Sie sollen Lehrende in ihrer Handlungsfreiheit stärken und ihren fachlichen Inhalten die intendierte Wirkung verleihen.

Acht Fragen zur Gestaltung von Lerndokumenten bilden die Kapitelabfolge und sind nach einem aufbauenden Prinzip strukturiert: Zum Einstieg führt der Autor zur Orientierung

„Das Wichtigste“ auf einen Blick ein, ehe er in einer Gegenüberstellung von beispielhaften Unterrichtsmaterialien im Vorher-nachher-Modus den Wirkungseffekt der Berücksichtigung von typografischen Designprinzipien aufzeigt. In einer persönlichen biografischen Skizze schildert Mariacher jeweils seine eigenen Erfahrungen mit der behandelten Thematik. Vielfältige Beispiele öffnen den Blick und bieten praktische Anregungen zur Umsetzung.

Dazu teilt der Autor als Experte auch seine Erfahrungen darüber, wo die häufgsten Probleme auftauchen, und spricht jene Konflikte an, in denen sich selbst die Profis nicht einig sind. Das Credo des Buches ist von einer Haltung getragen, dass es „nicht die EINE Lösung geben kann“ (S. 35), sondern die Kreativität gestalterischer Fähigkeiten der Lehrenden geweckt werden soll.

Die Auseinandersetzung mit den vielfältigen Gestaltungsprinzipien soll dafür sensibilisieren, was wir als Lehrende wissen sollten, bevor wir unser Unterrichts- oder Studienmaterial erarbeiten. Der Autor bietet dazu unterschiedliche Wege an – von der Bedeutung einzelner Schriftarten über die Tücken in der Formatierung (wer kennt nicht die lästigen Löcher im Blocksatz?) und die Bedeutung des „Grauwerts“ für die Lesbarkeit von Dokumenten. Sie helfen zu verstehen, wie aus Daten Informationen werden und wie aus Informationen Wissen entsteht.

Für die bevorstehende Reise in die typografische Welt des Informationsdesigns wünsche ich Ihnen nicht nur, dass Sie als Lesende den „Grauwert“ des Erscheinungbilds eines Lesetexts beurteilen, sondern sich auch vom bunten Treiben der Schriftgrößen, Zeilenabstände, Zwischenräume, Über- und Unterschriften, Formatierungen und Umbrüchen berühren lassen.

Innsbruck, 12. 8. 2021
Prof. Dr. Michael Schratz
Institut für LehrerInnenbildung und Schulforschung
Universität Innsbruck

Einleitung

Dieses Buch möchte mit Kriterien für eine gelungene Gestaltung von Lernmaterialien etwas zur erfolgreichen Tätigkeit von Lehrerinnen und Lehrern beitragen. Gute Gestaltung von Dokumenten erzeugt in der Regel bei selbem Inhalt bessere Lern-Ergebnisse. Dies ist empirisch belegbar und viele der hier vorgestellten Designprinzipien beruhen auf der jahrhundertelangen Evolution von visueller Kommunikation einerseits und heutigen wissenschaftlichen Erkenntnissen andererseits.

Die für dieses Buch wesentlichen Bereiche der visuellen Kommunikation heißen „Typografie" und „Informationsdesign". Typografie ist die Praxis und Wissenschaft rund um den Umgang mit Satzschriften. Informationsdesign möchte komplexe Sachverhalte mit visuellen Mitteln so übersetzen, dass sie leichter zu verstehen sind. Wichtiges Werkzeug des Informationsdesign ist wiederum die Schrift und der Umgang mit ihr, also Typografie.

Als Buch- und Informationsdesigner bin ich beruflich in diesen Bereichen tätig. Ansprechen möchte ich Sie jedoch als *Kollege,* der neben seiner praktischen Designarbeit seit vielen Jahren an Hochschulen in Deutschland, Österreich und Italien seine Fächer mit Begeisterung *unterrichtet.*

Vor zwei Jahren ergab sich diesbezüglich die Möglichkeit, im universitären Kontext[1] mit *auszubildenden Lehrerinnen und Lehrern* zu arbeiten. Ein Experiment – handelte es sich hierbei ja nicht um Menschen mit dem Berufswunsch „Gestalterin" oder „Gestalter". Beeindruckend war das grundlegende Verständnis, das die Teilnehmer·innen für die Belange der visuellen Kommunikation bereits mitbrachten:

Vergegenwärtigen Sie sich bitte, dass der Grundstein für unser aller Erlernen von „visueller Kommunikation" genau an einem Ort gelegt wird: Schule. Hier lernt man nicht „nur" lesen und schreiben. Man lernt *nebenbei,* dass z. B.

die *tabellarische Anordnung* von Wörtern auf der Tafel den Inhalten dieser Wörter eine andere Bedeutung gibt als deren Anordnung als Liste.

Die starke Resonanz aus Lehrer·innenkreisen auf das Anliegen des Seminars „Gestaltung von Unterrichtsmaterialien für die Schule" bewog mich dazu, dessen Inhalte zu vertiefen und in Buchform einer breiteren Öffentlichkeit zugänglich zu machen. Die hier vorgestellten Praxisbeispiele sind dem folgend selbst gestaltete Arbeitsbeispiele der Seminarteilnehmer·innen, also die eigenständigen Entwürfe von angehenden Lehrerinnen und Lehrern.

Der Kapitelaufbau in Form des Fragenstellens ist der Überzeugung geschuldet, dass gelungener Unterricht auch an der Lehrer·innen*persönlichkeit* hängt. Es wäre demnach nicht zielführend, vorgefertigte Antworten anzubieten, die, wie Sie sehen werden, mitunter auch anfechtbar sind.

Wer sich heute mit der Gestaltung von Unterrichtsmaterialien befasst, muss sich auch mit dem Thema des „digitalen Lernens" auseinandersetzen. Auch wenn aus der „Stavanger Erklärung"[2] hervorgeht, dass das Lesen am Papier für viele Lern-Anwendungen dem am Bildschirm klar überlegen ist, lassen sich die Themen dieses Buchs *unabhängig* vom Medium einsetzen. Sie beruhen ähnlich der Grammatik einer Sprache auf Spielregeln, deren Anwendung nichts mit der technischen Gestalt des Lernmaterials zu tun hat.

Genau genommen gibt es keine *spezielle* Typografie – oder *ein* Informationsdesign für Lerndokumente. Es gibt nur diverse Prinzipien, mit denen auf die besonderen Anforderungen Ihres Berufs reagiert werden kann. Somit sehe ich dieses Buch als einen Ratgeber für Typografie und Informationsdesign, dessen Besonderheit darin liegt, dass er *Ihre* Sprache spricht. Er kennt die speziellen Fragen des Lehrer·innenberufs und übersetzt den Fachbereich der visuellen Kommunikation auf „Schule".

Sie werden als Lehrer·innen somit als gestalterisch Tätige aufgefasst und in diesem Buch auch als solche angesprochen. Mein Wunsch ist es, dass Sie mit den Werkzeugen aus „Lernmaterialien gut gestalten" selbst Verantwortung für *Ihren Lernprozess* als Gestalter·innen übernehmen können.

Christian Mariacher,
im Sommer 2021

Überblick: Acht Fragen zur Gestaltung von Lernmaterialien

1. Wird eine geeignete Schrift verwendet?

Das Wichtigste:

- Keine Experimente mit besonders auffälligen oder dekorativen Schriften im Lesetext
- Dynamisches Formprinzip und wenig Linienkontrast für Lesetexte
- Vorsicht bei Schriftmischungen
- Nur lizensierte Schriften verwenden

2. Erleichtern die Details das Lesen?

Das Wichtigste:

- Lesbare Schriftgröße wählen
- Zeilen nicht länger als 75 Zeichen
- Zeilenabstand etwa 120–130 %
- Kein Blocksatz bei kurzen Zeilen, Überschriften, Bildunterschriften oder Fragen
- Word-Voreinstellungen nicht als gegeben hinnehmen

3. Schaffen Ihre Formatierungen Verlässlichkeit?

Das Wichtigste:

- Gleichbleibender Einsatz aller Formatierungen
- Nicht zu viele Formatierungen wählen
- Ein Thema nicht doppelt und dreifach hervorheben
- Unterstreichen auf eigene Gefahr
- Mit der Word-Funktion „Formatierungen" arbeiten

4. Welche grafischen Bausteine werden eingesetzt?

Das Wichtigste:

- Wissen, dass es diese Bausteine gibt
- Die passenden Bausteine für die vorliegenden Inhalte verwenden
- Überschrift und Bildunterschriften im Flattersatz setzen
- Zitate, Überschriften und Initialen bieten Ihnen kreative Spielräume
- Navigationselemente einsetzen

5. Werden Lerninhalte auch grafisch sichtbar gemacht?
Das Wichtigste:
- Bezugssysteme konstant halten
- Piktogramme einsetzen
- Auf Lesbarkeit der Beschriftungen achten
- Informationsgrafiken nicht mit Dekoration verwechseln

6. Sind die Elemente sinnvoll angeordnet?
Das Wichtigste:
- Nicht zu viele Elemente auf der Seite
- Achsen konsistent halten
- Weißraum lassen
- Bildunterschriften verwenden
- Navigationselemente verwenden

7. Verstehen Sie die Perspektive Ihrer Leserinnen und Leser?
Das Wichtigste:
- Versetzen Sie sich in die Lernenden
- Erkennen Sie den grafischen Tonfall Ihrer Dokumente
- Füllen Sie Ihre Dokumente selbst aus

8. Berührt das Dokument emotional?
Das Wichtigste:
- Bilder verwenden
- Geschichten erzählen
- Sich als Person zu erkennen geben

0. Warum Design-Prinzipien Ihren Unterricht verbessern.

„If It's Hard to Read, It's Hard to Do"

Song, Schwarz (2008)

„Die Sache, die dich von Anderen abhebt, die du besonders gut kannst, ist meist die Sache, die für dich so selbstverständlich ist, dass dir ihre Besonderheit meist gar nicht weiter auffällt". So oder so ähnlich klang die Botschaft der Beraterin Maren Martschenko während eines Seminars der typografischen Gesellschaft München.[1] Was für mich als Informationsdesigner selbstverständlich ist, ist die Tatsache, dass visuelle Gestaltung Lernprozesse unterstützen oder behindern kann. Die Erscheinung Ihrer selbst gestalteten „Lern"-materialien[2] hat mit Sicherheit Einfluss auf den Lernerfolg Ihrer Schülerinnen und Schüler. Und damit auf Ihren Erfolg als Lehrerinnen und Lehrer[3].

Klingt gut, aber sind diese Aussagen auch belegbar?
Sind sie – 1. wissenschaftlich und 2. durch Ihre simple, alltägliche Erfahrung.

Typografisches Design verbessert Testergebnisse, erhöht die Handlungsbereitschaft und schafft Zutrauen.

Die empirische Forschung befasst sich 1. seit geraumer Zeit mit dem Effekt von Gestaltung auf das Gelingen von Lernprozessen. Folgendes Beispiel möge als Grundlage für unser weiteres Nachdenken dienen: In einer Studie aus dem Jahr 2007 wurde zwei Schülergruppen ein Test zur Lösung vorgelegt (dos Santos Lonsdale, 2007). Die Inhalte waren in beiden Versionen im Wortlaut dieselben. Eine Version war typografisch gut gestaltet. Die andere nicht. Mit dem Ergebnis, dass die Testresultate in jener Schülergruppe statistisch relevant besser waren, die mit einem typografisch gut gestaltetem Fragebogen gearbeitet hatte. Die Studie „If It's Hard to Read, It's hard To Do" (Song et al., 2008) illustriert das Phänomen noch anschaulicher:

In einem ähnlichen Setup wurde ein Kochrezept vorgelegt. Auch hier waren beide Versionen im selben Wortlaut angelegt und eine davon gut, die andere schwer lesbar gestaltet. In diesem Fall wurde nicht die Qualität der Ergebnisse, also die „Performance" der Teilnehmer·innen, gemessen. Vielmehr wurde nach deren *Einschätzung* bzgl. Zeit, Bereitschaft und Schwierigkeit gefragt. Mit dem Ergebnis, dass das gut lesbare Rezept nach Einschätzung der Proband·innen *schneller* zu kochen sei und sie eher *bereit wären*, das Rezept zu kochen als die Teilnehmer·innen der Vergleichsgruppe. Hinzu kam die Vermutung der Proband·innen, dass jene Version *schwieriger* zu kochen sei, die schwerer zu lesen war.

Lassen Sie uns an der Stelle innehalten: Es müsste demnach möglich sein, dass Sie mit der Gestaltung Ihrer Lernmaterialien nicht nur die Leistungen Ihrer Schüler·innen verbessern können, sondern außerdem deren *Bereitschaft erhöhen und eine Atmosphäre des Zutrauens* schaffen können.

Dass Lernprozesse durch Gestaltung beeinflusst werden, ahnten Sie 2. jedoch auch ohne diese Forschungsergebnisse. Im Jahr 2001 hatte ich mich zu einer bescheidenen, privaten Pensionsvorsorge entschlossen. Die dazugehörende Versicherungsurkunde mit 10-stelliger Nummer umfasst 15 DIN-A4-Seiten. Diese 15 Seiten sind mit einer pixeligen, 8-Punkt großen Schrift direkt auf ein hellblau-weißes Hintergrundmuster gedruckt. Ein Schelm, der Böses dabei denkt. Die Frage, ob derlei Lese-Verunmöglichung absichtlich oder aus Ignoranz passiert, ist gemessen am Anliegen dieses Buchs zweitrangig. Das Ergebnis lautet nämlich, dass ich mich aufgrund unzureichender visueller Kommunkation bis heute nicht mit den Details dieser Police befasst habe. Im guten Glauben, dass schon alles seriös ablaufen wird.

Visuelle Gestaltung macht für Lernende einen Unterschied

Wir können also zweifelsfrei festhalten, dass „visuelle Gestaltung“ *einen Unterschied* für Lernende macht. Problematisch ist die auf-dem-Fuß-folgende Frage nach dem „Wie?“. „Wie muss ich meine Lernmaterialien genau gestalten, um diesen positiven Unterschied zu ermöglichen?“ Die Antwort lautet: „Ich weiss es nicht genau“. Aber was ich ganz genau weiss ist, dass Sie den Stimmen misstrauen sollten, die vorgeben, es gäbe nur die *eine* richtige Lösung. Gestalterische Faustregeln wie „kein Fließtext unter 10 Punkt“ sind schnell formuliert und machen dann noch schneller Karriere bis sie durch deren unhinterfragte, laufende Wiederholung zur gefühlten Wahrheit werden. Die Problematik der fehlenden fixen Wahrheiten findet man in jedem Fach, das es zu erlernen gilt. Laut Bain (2004, 42–46) ist diese Einsicht nicht als Kapitulation, sondern vielmehr als Erreichen der höchsten Lernstufe zu verstehen:

Lernstufen frei nach Bain:

1. Anfänger·innen möchten klare Ansagen, sie wünschen sich fixe Regeln zur Orientierung: „Sagen Sie mir einfach welche Schriftgröße ich verwenden soll!“
2. Leicht Fortgeschrittene erkennen, dass sich die Fachwelt uneins ist. Die Lernenden sind in dieser Phase verunsi-

chert und halten die Inhalte des Fachs für Geschmackssache: „Wie kann es sein, dass ich im Seminar XY „kein Fließtext unter 10 Punkt“ gelernt habe, während ich hier lese, es darf auch weniger sein?“

3. Fortgeschrittene erfassen die Spielregeln des Fachs und können darin navigieren und damit arbeiten: „Da die Mittellänge ein wichtiger Faktor für die relative Wahrnehmung der Schriftgröße ist, habe ich für diesen Text mit der Schrift Vektora gearbeitet. Ihre vergleichsweise große Mittellänge erlaubt es mir, den Text auch in 9,5 Punkt zu setzen“.
4. Auf der höchsten Lernstufe hat man ein Fach soweit begriffen, dass spielerisch-kreativ damit umgegangen werden kann. Hier öffnen sich neue Türen. Diese Menschen machen *ihr eigenes Ding*: „Schule dient für mein Verständnis der Vorbereitung auf das Leben „da draußen“. Selbiges ist voll von Textbotschaften, die auch deutlich kleiner als in 10-Punkt-Fließtextgröße gesetzt sind. Obwohl ich alle Regeln kenne, mute ich meinen Schüler·innen somit Bildunterschriften zu 7,5 Punkt zu. Weil diese Texte kurz sind und weil der Fließtext ohnehin größer gesetzt ist. Ich halte das im Kontext meines Unterrichts für richtig.“

Der Aufbau der Kapitel dieses Buchs folgt diesen vier Lernstufen:

1. *Kernaspekte* bereitet das Feld auf und die *Schlüsseldefinitionen* geben Ihnen das korrekte Vokabular an die Hand. Hier wird im weitesten Sinne der Bereich des Informationsdesign benannt, der fix definierbar ist.
2. Jedes Kapitel schließt mit Ausführungen zu *Wo sind sich die Experten uneins?* – hier mute ich Ihnen die Unsicherheit zu. Nicht um Sie zu frustrieren, sondern um es Ihnen
3. zu ermöglichen, die Spielregeln dieses Fachs anwenden zu können, indem Sie nicht nur die Regeln, sondern auch deren Schwächen kennen. Hierbei soll Ihnen neben 1. und 2. der Bereich *Wo die häufigsten Probleme auftreten* helfen. Zum Teil sind ergänzende Word-Ketten angeführt, um Ihnen Tipps für die praktische Umsetzung an die Hand zu geben.
4. Das grundlegende Konzept dieses Buchs soll Sie letztlich dazu befähigen, Ihre *eigenen Entscheidungen* treffen zu können.

Sie sollen Ihre Lernmaterialien SELBST gestalten können.

Warum ist das so wichtig?
Was guter Unterricht, also Ihr Erfolg ist, entscheiden letztlich Sie selbst. Ob Ihre Schüler·innen mit Ihrem Fach etwas anzufangen wissen oder nicht, liegt zum guten Teil an Ihnen als Person und der Art und Weise, wie Sie die Lehrer·innen-Fach-Schüler-Beziehung ausgestalten. Ihre selbst gestalteten Unterrichtsmaterialien sind also ein Zahnrad im Gefüge Ihrer ganz persönlichen Definition von „Erfolg“.

Gut gestaltete Lernmaterialien verbessern außerdem die Schüler-Beziehung, heben Sie vom Mitbewerb ab, und schaffen Wert für den Lehrer·innenberuf.

- Liegt Erfolg für Sie 1. darin, dass Ihre Schüler möglichst *gute Noten* bekommen, so deutet die Forschung darauf hin, dass Ihre Tests etc. mit typografischen Grundlagen bessere Ergebnisse liefern werden.
- Liegt Erfolg für Sie 2. darin, dass Sie *„Lieblingslehrer·in“* werden, dann haben Sie mit gut gestalteten Lernmaterialien einen wichtigen Schritt zur Pflege der Lehrer-Schüler-Beziehung gesetzt, da Sie Ihrem Gegenüber grafisch-freundlich begegnen.
- Ist Erfolg für Sie 3., dass Sie auf der *Karriereleiter* aufsteigen, so wird Sie die bewusste Gestaltung Ihrer Lernmaterialien vom Mitbewerb abheben. Beachten Sie, dass Design ganz grundsätzlich „Wert“ schafft. Für Sie als Person, für Ihr Fach und für Ihre Tätigkeit.

... und hilft Ihren Schüler·innen auf Ihrem eigenen Weg.

- Ist Erfolg für Sie 4., dass Ihre Schüler·innen abseits unserer leistungsorientierten Gesellschaftsordnung ihre *Anlagen und Möglichkeiten entfalten und ein glückliches Leben führen* können, so helfen Ihre selbst gestalteten Lernmaterialien auf der Basis, dass Sie mit Designprinzipien mehr Interesse für Ihr Fach und die Welt wecken und ein emotional sicheres Lernumfeld schaffen können.

Für meine Definition von Lern-Erfolg möchte ich abschließend eine Anekdote erzählen: Im Jahr 1998, während des Bachelorstudiums in England, war ich in tiefer Krise, von Zweifeln geplagt und wollte aufgeben. Mein Vater, ein Schüler Viktor Frankls, schrieb mir damals in gestochen präziser Handschrift:

„Der Mensch wird zu dem, was er eigentlich schon ist. Durch das, was er sich aneignet.“

Somit wünsche ich Ihnen, dass Sie sich die Informationsdesignprinzipien dieses Buchs aneignen, um Ihren Unterricht zu dem zu machen, was er für Sie und Ihre Schüler sein soll.

1. Wird eine geeignete Schrift verwendet?

Das Wichtigste:

- **Keine Experimente mit besonders auffälligen oder dekorativen Schriften im Lesetext**
- **Dynamisches Formprinzip und wenig Linienkontrast für Lesetexte**
- **Vorsicht bei Schriftmischungen**
- **Nur lizensierte Schriften verwenden**

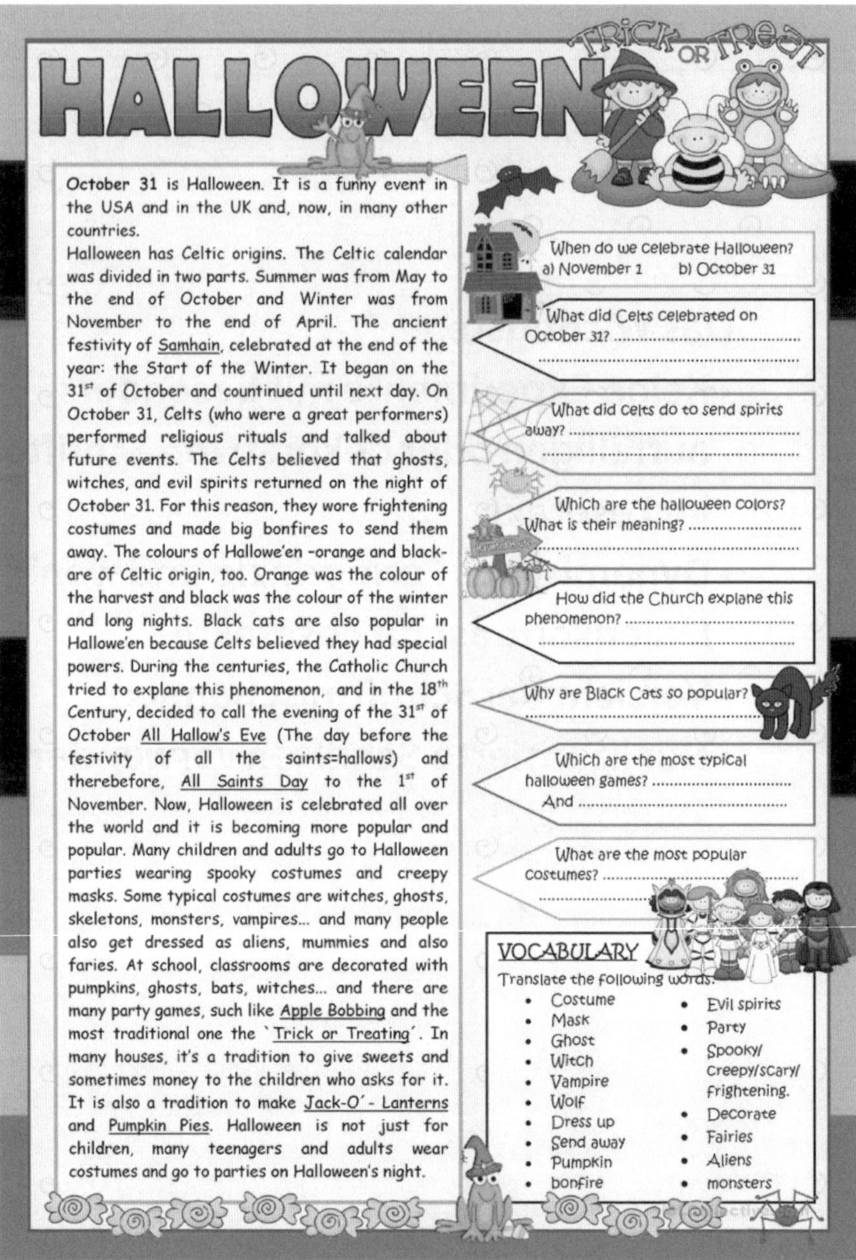

TRICK OR TREAT

HALLOWEEN

October 31 is Halloween. It is a funny event in the USA and in the UK and, now, in many other countries.
Halloween has Celtic origins. The Celtic calendar was divided in two parts. Summer was from May to the end of October and Winter was from November to the end of April. The ancient festivity of Samhain, celebrated at the end of the year: the Start of the Winter. It began on the 31st of October and countinued until next day. On October 31, Celts (who were a great performers) performed religious rituals and talked about future events. The Celts believed that ghosts, witches, and evil spirits returned on the night of October 31. For this reason, they wore frightening costumes and made big bonfires to send them away. The colours of Hallowe'en -orange and black- are of Celtic origin, too. Orange was the colour of the harvest and black was the colour of the winter and long nights. Black cats are also popular in Hallowe'en because Celts believed they had special powers. During the centuries, the Catholic Church tried to explane this phenomenon, and in the 18th Century, decided to call the evening of the 31st of October All Hallow's Eve (The day before the festivity of all the saints=hallows) and therebefore, All Saints Day to the 1st of November. Now, Halloween is celebrated all over the world and it is becoming more popular and popular. Many children and adults go to Halloween parties wearing spooky costumes and creepy masks. Some typical costumes are witches, ghosts, skeletons, monsters, vampires... and many people also get dressed as aliens, mummies and also faries. At school, classrooms are decorated with pumpkins, ghosts, bats, witches... and there are many party games, such like Apple Bobbing and the most traditional one the `Trick or Treating´. In many houses, it's a tradition to give sweets and sometimes money to the children who asks for it. It is also a tradition to make Jack-O´- Lanterns and Pumpkin Pies. Halloween is not just for children, many teenagers and adults wear costumes and go to parties on Halloween's night.

When do we celebrate Halloween?
a) November 1 b) October 31

What did Celts celebrated on October 31? ....
....

What did celts do to send spirits away? ....
....

Which are the halloween colors? What is their meaning? ....
....

How did the Church explane this phenomenon? ....
....

Why are Black Cats so popular? ....

Which are the most typical halloween games? ....
And ....

What are the most popular costumes? ....
....

VOCABULARY

Translate the following words:

- Costume
- Mask
- Ghost
- Witch
- Vampire
- Wolf
- Dress up
- Send away
- Pumpkin
- bonfire
- Evil spirits
- Party
- Spooky/ Creepy/scary/ frightening.
- Decorate
- Fairies
- Aliens
- monsters

Der Seitenaufbau des linken Arbeitsblatts wirkt überladen. Es kommen vier Schriftarten zum Einsatz, darunter die Comic Sans als Leseschrift. Die rechte Abbildung zeigt, dass es bei seriösem Satz des Fließtexts durchaus Raum für heitere Überschriften und Bilder gibt. Das Eine schließt das Andere nicht aus, solange jeder Baustein die für ihn angemessenen Aufgaben übernimmt.

English class: 2b

October 31st

Happy Halloween

October 31st is Halloween. It is a funny even in the USA and un the UK and, now, in many other countries.

Halloween has Celtic origins. The Celtic calendar was divided in two parts. Summer was from May to the end of October and Winter was from November to the end of April. The ancient festivity of Samhain celebrated at the end of the year: the Start of the Winter. It began on the 31st of October and continued until next day. On October 31, Celts (who were great performers) performed religious rituals and talked about future events. The Celts believed that ghosts, witches, and evil spirits returned on the night of October 31. For this reason, they wore frightening costumes and made big bonfires to send them away. The colors of Halloween – orange and black – are of Celtic Origin, too. Orange was the color of the harvest and black was the color of the winter and long nights. Black cats are also popular in Halloween because Celts believed they had special powers. During centuries, the Catholic Church tried to explain this phenomenon, and in the 18th century, decided to call the evening of the 31st of October All Hollow's Eve. (The day before the festivity of all the saint = hallows) and therefore, All Saints Day to the 1st of November. Now Halloween is celebrated all over the world and it is becoming more popular and popular. Many children and adults go to Halloween parties wearing spooky costumes and creepy masks. Some typical costumes are witches, ghosts, skeletons, monsters, vampires,... and many people also get dressed as aliens, mummies and also fairies. At school, classrooms are decorated with pumpkins, ghosts, bats, witches, ... and there are many party games, such like Apple Bobbing and the most traditional one the "Trick or Treating". In many houses, it's a tradition to give sweets and sometimes money to the children who ask for it. It is also a tradition to make Jack-O'-Lanterns and Pumpkin Pies. Halloween is not just for children, many teenagers and adults wear costumes and go to parties on Halloween's night.

Answer the following questions:

When do we celebrate Halloween?

a) November 1st b) October 31st

What did Celtic celebrate on October 31st?

___

What did Celtics do to send spirits away?

___

Which are the Halloween colors? What is their meaning?

___

How did the church explain this phenomenon?

___

Why are black cats so popular?

___

Which are the most typical Halloween games?

___

What are the most popular costumes?

___

Vocabulary exercise: Translate the following words:

costume	**bonfire**
mask	**evil spirits**
ghost	**party**
witch	**spooky/creepy/**
vampire	**scary/ frightening**
wolf	**decorate**
dress up	**fairies**
send away	**aliens**
pumpkin	**monsters**

Ein faszinierender Aspekt am Thema Typografie war für mich immer schon die Langlebigkeit von Schrifttypen. Als 19-jährigem Volontär in einer Werbeagentur erklärte mir deren „Art-director", dass die Schrift unserer damals allseits beliebten Tageszeitung einige hundert Jahre alt sei. Auch wenn diese Aussage in der Form nicht ganz exakt war[1], so stimmt sie doch im Kern: viele der heute gebräuchlichen Schriften beziehen ihre wesentlichen Formmerkmale von historischen Vorbildern und werden in kleinsten Details an heutige technische Standards und Sehgewohnheiten angepasst. Letztere reagieren auf sprunghafte Veränderungen empfindlich. Wer etwa Gelegenheit hat, ein Buch aus dem Venedig des 15. und 16. Jahrhunderts zu betrachten wird erstaunt sein, wie problemlos die dort verwendeten Schriften für uns auch heute noch lesbar[2] sind. Die Qualität einer Satzschrift beruht also auf der jahrhundertelangen Evolution eines Formprinzips, das sich bewährt hat.

Kernaspekte

Eine geeignete Schrift für ein Dokument zu wählen ist Grundlage für alle Ihre weiteren gestalterischen Vorhaben. Die Menge der heute zur Verfügung stehenden Schriften ist selbst für Fachleute kaum noch zu überschauen. Hier hilft es, sich zu vergegenwärtigen, dass der Sinn der Typografie darin liegt, dem Lesen zu dienen. In der fast 600 Jahre alten Tradition der Satzschriften gilt es als unbestritten, dass eine Schrift dann besonders gelungen ist, wenn man sie während des Lesens gar nicht wahrnimmt und sie gerade deshalb höchsten ästhetischen Kriterien genügt. In ihrem Text „The crystal goblet or Printing should be invisible" vergleicht Beatrice Warde (1956, 11–17) demgemäß Typografie mit einem formschönen Weinglas. Es dient primär dem Zweck, den Wein erlebbar zu machen. Wäre es ein juwelenbesetzter, goldener Kelch, würde das Gefäß wichtiger als der Inhalt. In dieser in Typografiekreisen beliebten Metapher bekommt das Medium erst durch den Inhalt seinen Sinn.

de uitine iſtrophiate,ſopra el nudo
ua imediate il triũpho ſilẽo ſenicul
eqtãte imediate uno Hirco horrico

Rechts bzw. S. 32–33: Fast 500 Jahre alt und für heutige Leser trotzdem vergleichsweise problemlos zu lesen: Ausschnitt aus dem Buch *La Hypnerotomachia di Poliphilo.*

Schlüsseldefinitionen

Bevor man eine Schrift wählt, lohnt es, einige ihrer grundlegenden Wesensmerkmale genauer kennenzulernen.

Serifenschrift

Der Duden definiert den Endstrich von Zeichen als „kleiner, abschließender Querstrich am oberen oder unteren Ende von Buchstaben" (2020). Serifenschriften sind für längere Texte eine gute Wahl.

Serifenlose

Auch „Grotesk"-oder „Sans-Serif"-Schriften genannt. Das Weglassen der Serifen geht im Wesentlichen auf eine Entwicklung des späten 19. Jahrhunderts zurück.

Formprinzipien

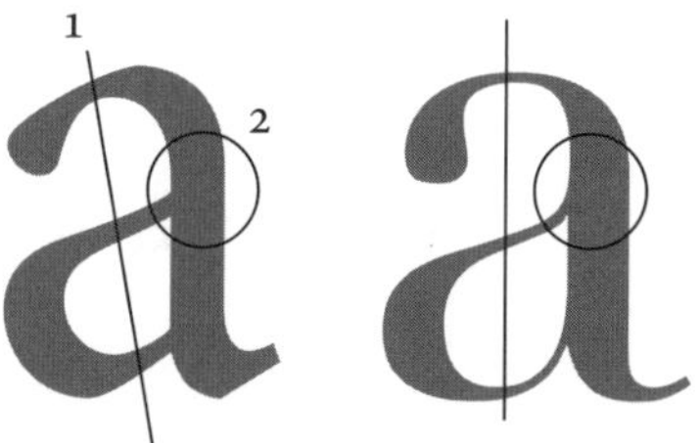

Viele heutige Schriften wie die Minion (links) basieren auf Vorbildern aus der Renaissance. Im Vergleich zur Didot (rechts) wirkt sie dynamischer. Die „Renaissanceantiquas" erinnern an das Schreiben mit der Breitfeder. Sie haben 1. eine schräge Achslage und 2. wenig Strichstärkenkontrast.

Dynamische und statische Serifenlose

1 2 3 4

Die Formprinzipien der Serifen-Schriften findet man auch bei Serifenlosen. Die Wesensverwandtschaft zwischen der „dynamischen" Minion (1.) und der Gill (2.) bzw. zwischen der „statischen" Didot (3.) und Helvetica (4.) ist hier klar erkennbar.

Schriftschnitt

Regular, *Italic*
Bold, ***Bold Italic***

Eine Schriftart wird üblicherweise in diesen vier sogenannten *Schriftschnitten* geliefert. Von Schriftart zu Schriftart kann das Angebot an Schriftschnitten variieren. Die Schrift Calibri wird beispielsweise mit einem zusätzlichen Light-Schnitt geliefert. Wie stark eine Schrift *ausgebaut* ist, hat somit Einfluss auf Ihre Optionen bei der Formatierung. (→S. 53)

„Besondere" Zeichen

+ ± ∂ ∏ √ ∞ ≈ ¥ ©
1/4 ¼ fi ﬁ

Nicht alle Schriften beinhalten zwangsläufig alle Zeichen, die Sie für Ihren Unterricht benötigen. Es ist hilfreich, wenn man neben dem gewohnten Alphabet[5] eine Auswahl an weiteren Zeichen hat. Dazu gehören mathematische Symbole, Währungszeichen, Trademark, *echte* Brüche (links ohne, rechts mit echten Brüchen) und viele Andere mehr. *Word* → Einfügen → Erweitertes Symbol

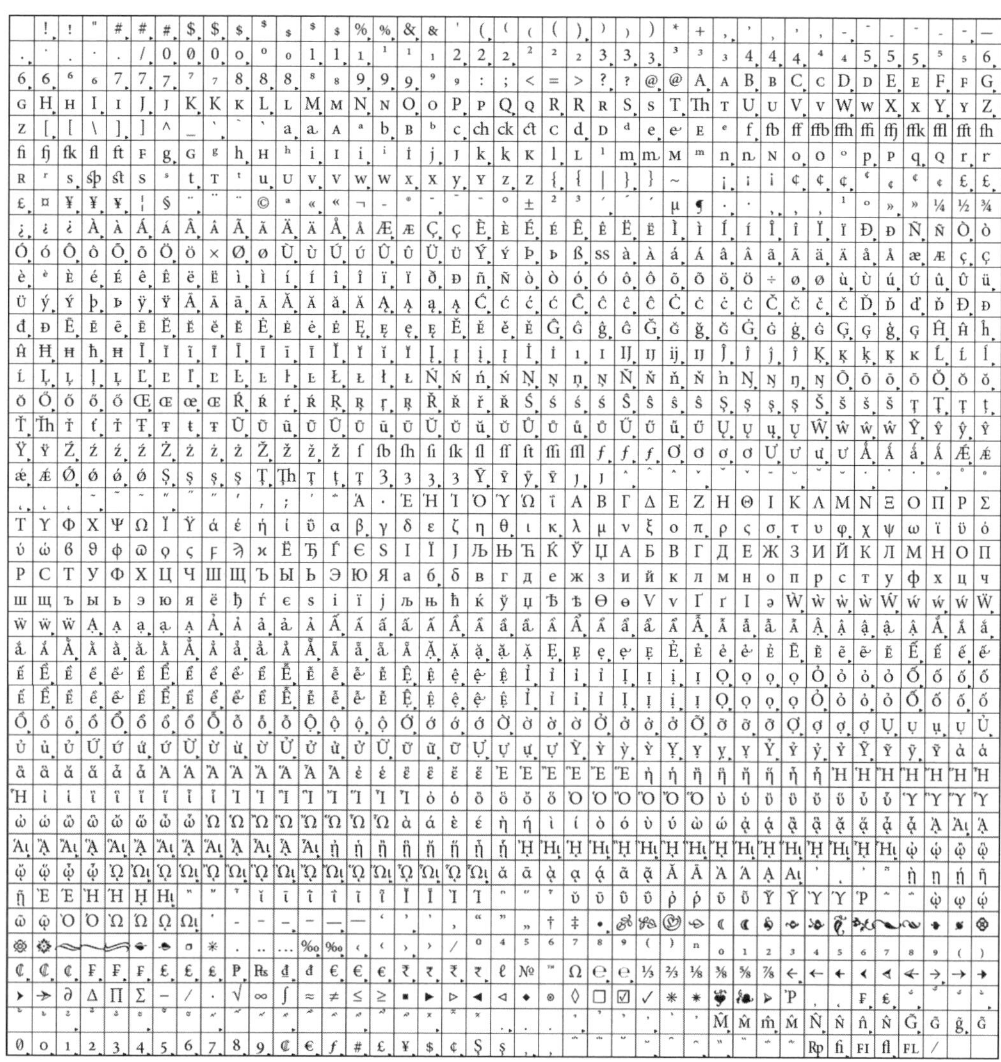

Zeichensatz

Die Minion wird im vorliegenden Buch als Lesetextschrift eingesetzt. Ihr hier dargestellter Zeichensatz gibt einen Eindruck davon, wie umfassend diese Schrift ausgebaut ist. Auch die fünf Schriftempfehlungen auf S. 30–31. bieten eine große Auswahl an Zeichen, die über das reine Alphabet hinausgehen. Für Mathematiklehrer·innen ist übrigens die *Cambria* eine gute Wahl, da diese über einen speziellen Zeichensatz namens *math* verfügt, der den mathematischen Satz im Word unterstützt.

Die Literatur der Aufklärung (1720–1770)
Etymologie „Aufklärung":

0. ¿En qué año abrió el único hotel de hielo situado en Canadá?

Abrió en 2001.

1. Menciona la duración de apertura anual del hotel de hielo:

Wer Schriften wie die „Comic-Sans" (oberes Bild) einsetzt, möchte damit eine entspannte Atmosphäre schaffen. Dieser im Schulbetrieb übliche Zugang wird dann fragwürdig, wenn das Design dem Inhalt entgegen steht. Auch im unteren Bild wurde eine Handschrift verwendet. Allerdings erfüllt sie in diesem Fall den praktischen Zweck als Demonstration für das Ausfüllen der Formularfelder und übernimmt somit eine ihr angemessene Aufgabe am Arbeitsblatt.

Wo die häufigsten Probleme auftreten

Wer Lernmaterialien selbst gestaltet, ist gefordert, sich nicht in den Sog besonders dekorativer, auffallender oder humorvoller Schriften zu begeben. Diese werden unter der Bezeichnung „Display"-Fonts zusammengefasst. Was für eine humorvoll gemeinte Überschrift durchaus akzeptabel ist, kann sich bei längeren Texten schnell als Lesehindernis erweisen (Abb. S. 22). Zudem ist Vorsicht geboten, da Display-Fonts mitunter nicht gewollte Bedeutungsebenen erzeugen: Möchte man eine Auseinandersetzung mit Kant tatsächlich im Licht einer Cartoonschrift verstanden wissen? Eine weitere Fehlerquelle liegt im *Mischen* zu vieler oder ungeeigneter Schriftarten. Ein weitreichendes Thema, das die Anfänger·in am besten meidet, indem sie ihre Dokumente mit möglichst nur einer Schriftart gestaltet bzw. auf klare Kontraste zwischen einer Serifen- und serifenlosen Schrift achtet.

Empfehlungen für die Praxis

Typograf·innen arbeiten in der Regel mit Schriften, die *kostenpflichtig* zu lizensieren sind. Lehrpersonen möchten erfahrungsgemäß eher auf solche zurückgreifen, die am PC bereits kostenlos installiert sind. Für eine zufriedenstellende Schriftwahl gilt es in beiden Fällen, einige Grundregeln zu beachten, die der Schriftgestalter Albert-Jan Pool für den Schulbuchbereich wie folgt zusammenfasst (2020): „Für Lesetexte nimmt man am besten Serifenschriften und lineare Serifenlose nach dem dynamischen Formprinzip […]. Bei den Serifenschriften dürfen […] die Haarstriche nicht zu dünn sein. [...]Times New Roman (zu enge Zurichtung), Bembo [...] und die mit Word mitgelieferte (falsche) Garamond [...] gehen gar nicht."

Hierzu eine Bemerkung aus der Praxis: Das Thema „Schriftwahl" verunsichert nicht nur Lehrer·innen, die ihre Arbeitsmaterialien selbst gestalten möchten, sondern erfahrungsgemäß auch Studierende an Designhochschulen. Es hilft, sich zu vergegenwärtigen, dass es 1. nicht die *eine* Schrift gibt, die für Lernmaterialien oder sonst einen Zweck geeignet ist. 2. Selbst Fachleute können trefflich darüber streiten, ob eine Schrift gut oder schlecht für ein Projekt geeignet ist (→S. 34). Paradebeispiel hierfür ist der Klassiker „Helvetica" der – hier geliebt – dort schlichtweg abgelehnt wird. 3. Lassen Sie sich nicht einschüchtern. Wenn Sie sich an die hier besprochenen Kriterien halten, allen voran „Keine Experimente mit besonders auffälligen oder dekorativen Schriften für den Lesetext", ist bereits ein guter Grundstein für die Gestaltung Ihrer Lernmaterialien gelegt.

Schriften, mit denen Sie arbeiten können: Auf den folgenden beiden Seiten wird eine Auswahl an Schriften vorgestellt, die für Ihre Zwecke geeignet ist. Unter dem Projekttitel „Clear Type" wurden von Microsoft namhafte Schriftgestalter beauftragt, Schriften zu entwerfen, die auch am Bildschirm gut zu lesen sind. Die daraus entstandenen Schriften eignen sich ganz im Sinne dieses Buchs sowohl für digitale als auch ausgedruckte Dokumente. Jede dieser Schriften hat einen umfassenden Zeichensatz und bietet neben mathematischen u. a. auch griechische und kyrillische Zeichen und diverse Sonderzeichen[3]. Ein weiterer Vorteil liegt darin, dass sie seit Windows Vista 2007 bzw. Office 2007 als Teil von Windows geliefert werden und somit in der Regel ein problemloser Zugriff gewährleistet ist.

Darüber hinaus empfiehlt die DIN 1450 (2013, 22) für Lesetexte u. a. die in diesem Buch verwendete *Minion* sowie Palatino, Adobe Caslon Pro, Century Old Style, aber auch die von vielen Designer·innen geschmähte Times New Roman. Als Faustregel werden sog. Renaissance- und Barock-Antiquas empfohlen, die sich durch ihr dynamisches Formprinzip auszeichnen. „Weniger empfehlenswert sind Schriften mit sehr dünnen Haarstrichen und Serifen" (2013, 21). Beachten Sie, dass lizenzrechtliche Fragen grundsätzlich zu klären sind. Gute, frei zugängliche Schriften finden Sie außerdem unter fonts.google.com.

Cambria

- Jelle Bosma
- Regular, Italic, Bold, Bold Italic
- 992 Glyphen pro Font plus extra mathematische Zeichen
- echte Kapitälchen und Brüche

ABCDEFGHIJKLMNOPQ
RSTUVWXYZabcdefghij
klmnopqrstuvwxyz
12345678 90.,;:-–ß€§%?

Als eine robust wirkende Allzweckschrift kann man die Cambria bezeichnen. Sie kann als hochwertiger Ersatz für die bürokratisch wirkende Times gesehen werden. Sie unterstützt den mathematischen Satz in MS Word.

Constantia

- John Hudson
- Regular, Italic, Bold, Bold Italic
- 992 Glyphen pro Font
- echte Kapitälchen und Brüche

ABCDEFGHIJKLNOPQ
RSTUVWXYZabcdefghij
klmnopqrstuvwxyz
12345678 90.,;:-–ß€§%?

Die Constantia ist eine noch elegantere Wahl als die Cambria. Weil sie weniger robust ist, braucht sie deshalb auch eine bessere Druckauflösung. Die Constantia ist gut für längere Texte geeignet und ihre offenen Formen unterstützen die Lesbarkeit in kleineren Schriftgrößen.

Calibri

- Lucas de Groot
- Regular, Italic, Bold, Bold Italic
- 1119 Glyphen pro Font
- echte Kapitälchen und Brüche

ABCDEFGHIJKLMNOPQ
RSTUVWXYZabcdefghij
klmnopqrstuvwxyz
12345678 90.,;:-–ß€§%?

Für moderne Dokumente mit freundlicher Anmutung ist die Calibri eine gute Wahl. Ihre abgerundeten Strichenden und großzügige Breite erlauben eine gute Lesbarkeit auf begrenztem Raum. Sie kann daher mit vergleichsweise wenig Zeilenabstand gesetzt werden. Für längere Texte ist eine Serifenschrift zu bevorzugen.

Candara

- Gary Munch
- Regular, Italic, Bold, Bold Italic
- 968 Glyphen pro Font
- echte Kapitälchen und Brüche

ABCDEFGHIJKLMNOPQ
RSTUVWXYZabcdefghij
klmnopqrstuvwxyz
12345678 90.,;:-–ß€§%?

Die geschwungenen Formen der Candara machen sie zur unkonventionellsten der hier vorgestellten sechs Schriften. Sie schafft eine freundliche und informelle Atmosphäre. Informell, aber nicht infantil.

Corbel

- Jeremy Tankard
- Regular, Italic, Bold, Bold Italic
- 985 Glyphen pro Font
- echte Kapitälchen und Brüche

ABCDEFGHIJKLMNOPQ
RSTUVWXYZabcdefghij
klmnopqrstuvwxyz
12345678 90.,;:-–ß€§%?

Insbesondere bei kleineren Schriftgrößen ist die Corbel noch gut lesbar und damit eine weitere gute Wahl für Ihre Dokumente. Ihre ordentliche Erscheinung wirkt seriös und dennoch nicht langweilig. „Weniger kuschelig, mehr Durchsetzungsvermögen“[6] (Berry, 2004, 38).

Consolas

- Lucas de Groot
- Regular, Italic, Bold, Bold Italic
- 713 Glyphen pro Font

ABCDEFGHIJKLMNOPQ
RSTUVWXYZabcdefghij
klmnopqrstuvwxyz
12345678 90.,;:-–ß€§%?

Eine Schreibmaschinenschrift soll bei diesen Empfehlungen nicht fehlen. Am Ausdruck sieht die Consolas besser aus als der Klassiker Courier. Für manuskriptartige Texte, Überschriften, die nach „Gegenkultur“ aussehen und E-Mails geeignet.

TRIVMPHVS

Dionyſia petra, cũ macule ĩ nigritudine rubẽte, el Nume trita

olẽte. Il tertio de optĩa Medea, ĩ fuſco aureo colore diſſemĩato, cũ el Nectareo ſapore. Lo ultĩo đ p̃tioſa Nebride, al Nume dicata, Nel nigro eximiocolore biãco & niride immixtamente coeunte. Nella cõchula degli q̃li, una Pyramidale flãmula, di foco ĩextinguibile continua ardeua. Per laq̃le luculẽtia le eximie opature & exp̃ſſi, ꝑ lo reflexo del flãmiculãte lũe, ꝑ li fulgurãti lapilli p̃tioſiſſimi ꝑſeuerãtem̃te ſpectar̃ nõ ualeua.

Circa đlq̃le diuino triũpho, cũ multa & ſolẽne ſupſtitiõe & maxĩa põpa & religiõe infinite Nymphe Mænade cũ li ſoluti & ſparſi capilli. Alcũe nude cũ amiculi Nymphei dagli humeri deflũeti, & tale Nebride, cioe ĩdute depelliceo uariato đ colore di damule, ſẽza laltro ſexo, Cymbaliſtrie, & Tibicĩarie, faceuão le ſacre Orgie, cũ clamori uociferãdo, & thyaſi, q̃le negli Trieterici, cũ thyrſi di frõde di cõifere arbore, & cũ frõde uitine ĩſtrophiate, ſopra el nudo cĩcte & corõate ſaltatorie, ꝑcurẽte ſequa ĩmediate il triũpho ſilẽo ſeniculo lo aſello eq̃tãte, Poſcia retro a q̃ſto eq̃tãte ĩmediate uno Hirco horricome de ſacrifica põpa ornato feſtiuamẽte cõduceuão. Et una đ q̃ſto ſectaria, uno uiminaceo Vãno geſtaua, cũ deſordĩato riſo, & furiali geſti, cũ q̃ſto ueterrimo & ſcõ rito, q̃ſto q̃rto triũpho adoriamẽte extolleuano, Et cõ uenerãdo diſcorſo Euibache ad alta uoce, cõfuſamẽte exclamãdo gli Mimalloni. Satyri. Bacche. Lene. Tyade. Naiade. Tityri. Nymphe, celebrabondi ſequiuano.

QVARTVS

LA MVLTITVDINE DEGLI AMANTI GIOVENI, ET DILLE DIVE AMOROSE PVELLE LA NYMPHA A PO-LIPHILO FACVNDAMENTE DECHIARA, CHI FVRO NO ET COME DAGLI DII AMATE. ET GLI CHORI DE GLI DIVI VATICANTANTI VIDE.

A LCVNO MAI DI TANTO INDEFESSO E-loquio aptamente se accommodarebbe, che gli diuini archani disertando copioso & pienaméte potesse euade re & uscire. Et expressamente narrare, & cum quanto di-ua pompa, indesinenti Triumphi, perenne gloria, festi-ua lætitia, & fœlice tripudio, circa a queste quattro inui sitate seiuge de memorando spectamine cum parole sufficientemete ex-primere ualesse. Oltra gli inclyti adolescentuli & stipante agmine di in numere & periucunde Nymphe, piu che la tenerecia degli anni sui elle prudente & graue & astutule cum gli acceptissimi amanti de pubescen-te & depile gene. Ad alcuni la primula lanugine splendescente le male inserpiua delitiose alacremente festigiauano. Molte hauendo le facole sue accense & ardente. Alcune uidi Pastophore. Altre cum drite haste adornate de prische spolie. Et tali di uarii Trophæi optimaméte ordiate

Konflikte: Wo sind sich die Experten uneins?
Die Frage nach der optimalen Lesbarkeit einer Schrift hat Tradition und wurde bereits vor Jahrhunderten gestellt.[4] Eine ganze Reihe von Experimenten im 20. Jahrhundert führte zu teils widersprüchlichen Ergebnissen. Eine Studie suggerierte gar, dass eine *schlecht* lesbare Schrift, besseren Lernerfolg bedinge (Connor et al., 2010). Ebenso gibt es eine Perspektive, die die empirischen Methoden an sich anzweifelt (Lund, 1999). Sue Walker hat weiters beobachtet, dass gerade gut gemeinte Hilfestellungen für Schüler weniger Bedeutung haben könnten als vermutet: „Wenn ein Grund des Leseunterrichts darin liegt, Kinder mit den typografischen Konventionen des Lesens vertraut zu machen, dann dürfte die Lösung hierfür nicht in speziell gestalteten Schriften liegen." und „Wie dem auch sei, die Fähigkeit der Kinder mit Extremsituationen umzugehen, obgleich in einer Test-Situation, legt es nahe, dass der Fokus auf ganz spezielle Themen, wie die Frage, ob Serifen- oder serifenlose Schriften „am besten" seien [...] weniger relevant sein dürften, als ehemals angenommen"[7]. Insbesondere die beliebte Faustregel „Serifenschriften für lange Texte, serifenlose für Überschriften und Bildunterschriften" relativiert sich zusätzlich bei Sofie Beier, die auf neuere Studien verweist: „Aus welchen Gründen auch immer, [...] Serifen sind nicht standardmäßig ein Wesensmerkmal verbesserter Lesbarkeit"[8]. Erwähnt seien abschließend Gestalter, die grundsätzlich nur mit einer *begrenzten Auswahl an Schriften* arbeiten. Der britische Buchgestalter Derek Birdsall nennt nicht mehr als 13 Schriften, mit denen er gerne arbeitet (2004, 186–205). Paul Mijksnaar sagt in Bezug auf die Schriftwahl bei Orientierungssystemen, „Schrift ist für die meisten Leserinnen also nicht von Interesse"[9]

Wie bereits ausgeführt, soll Sie die Besprechung diverser Expert·innenkonflikte nicht verunsichern, sondern – ganz im Gegenteil – einen breiteren Kontext herstellen und Ihnen somit Mut machen, da und dort eine Regel bewusst zu brechen. Anfänger·innen nehmen meist an, dass sich Typografie primär mit der Schrift*form* befasst. Es gibt darüber hinaus jedoch deutlich mehr zu wissen, wie Sie in den folgenden Kapiteln sehen werden.

Die Lernergebnisse dieses Kapitels

- **Sie wissen, was mit Serifen- und serifenlosen Schriften gemeint ist.**
- **Sie wissen, warum ein Display-Font keine gute Wahl für Lesetexte ist.**
- **Sie wissen, was unter einer „gut ausgebauten Schrift" zu verstehen ist.**
- **Sie verstehen, was „Schriftschnitte" sind und wozu Sie diese bei der Gestaltung von Lernmaterialien verwenden können.**
- **Sie wissen, dass Schriftwahl ein komplexes Unterfangen ist, wofür es nicht die EINE Lösung geben kann.**

2. Erleichtern die Details das Lesen?

Das Wichtigste:

- **Gut lesbare Schriftgröße wählen**
- **Zeilen nicht länger als 75 Zeichen**
- **Zeilenabstand etwa 120–130 %**
- **Kein Blocksatz bei kurzen Zeilen, Überschriften, Bildunterschriften oder Fragen**
- **Word-Voreinstellungen nicht als gegeben hinnehmen**

Outcasts

My stomach was growling, and I felt faint from the heat of the sun. A plate of any type of food a would have been a great treat, but what I really wanted was a smile or a friendly greeting from o normal people. Instead, they gave me stares and frowns, which hurt more than the thought of ha money. Sleeping on the streets, in gutters, under bus shelters, on the cold steps of a courthouse o terrible way to live. But one of the biggest tragedies of not having a home is that the homeless ar as if they are no longer human beings. I realised this truth first hand when I walked the streets of posing as a homeless woman.

I soon realised that homeless people have to find something in common with each other. The the hope that a passer-by will feel sympathy and offer them a helping hand. Many people do not homeless and blame them for being in an unfortunate situation. Too often, people think that add gambling or some other vice is the reason that a person is on the streets or in a shelter. The fact i other causes of homelessness. Poverty remains the largest contributor to homelessness, although family disputes and unemployment are other reasons that a person can end up begging on the str

Outcasts

My stomach was growling, and I felt faint from the heat of the sun. A plate of any type of food and a dro water would have been a great treat, but what I really wanted was a smile or a friendly greeting from on the clean, normal people. Instead, they gave me stares and frowns, which hurt more than the thought o having no food or money. Sleeping on the streets, in gutters, under bus shelters, on the cold steps of a courthouse or under a tree is a terrible way to live. But one of the biggest tragedies of not having a hom that the homeless are treated like outcasts, as if they are no longer human beings. I realised this truth fir hand when I walked the streets of downtown Miami posing as a homeless woman.

I soon realised that homeless people have to find something in common with each other. They cannc survive on the hope that a passer-by will feel sympathy and offer them a helping hand. Many people do socialise with the homeless and blame them for being in an unfortunate situation. Too often, people thir addiction to alcohol, gambling or some other vice is the reason that a person is on the streets or in a she The fact is that there are many other causes of homelessness. Poverty remains the largest contributor tc homelessness, although domestic violence, family disputes and unemployment are other reasons that a

p of water
clean,
ood or
tree is a
like outcasts,
wn Miami

survive on
with the
alcohol,
re are many
c violence,
en, homeless

6b	Third Test	March, 7th 2019

Points: ________ Mark: __________ Signature: ________________

1. Reading: The lives of homeless people

Read the text below, then choose the correct answer (A, B, C or D) for questions 1–6. Put a ☒ in the correct box. The first one (0) has been done for you.

Outcasts

My stomach was growling, and I felt faint from the heat of the sun. A plate of any type of food and a drop of water would have been a great treat, but what I really wanted was a smile or a friendly greeting from one of the clean, normal people. Instead, they gave me stares and frowns, which hurt more than the thought of having no food or money. Sleeping on the streets, in gutters, under bus shelters, on the cold steps of a courthouse or under a tree is a terrible way to live. But one of the biggest tragedies of not having a home is that the homeless are treated like outcasts, as if they are no longer human beings. I realised this truth first hand when I walked the streets of downtown Miami posing as a homeless woman.

I soon realised that homeless people have to find something in common with each other. They cannot survive on the hope that a passer-by will feel sympathy and offer them a helping hand. Many people do not socialise with the homeless and blame them for being in an unfortunate situation. Too often, people think that addiction to alcohol, gambling or some other vice is the reason that a person is on the streets or in a shelter. The fact is that there are many other causes of homelessness. Poverty remains the largest contributor to homelessness, although domestic violence, family disputes and unemployment are other reasons that a person can end up begging on the streets. Often, homeless persons become addicted to drugs or alcohol once they find themselves on the street. They start to lose hope that they their lives will ever go back to normal. Drugs and alcohol are useful for dulling pain and making harsh realities seem less dim.

I remember sitting on the floor at the Government Centre with my back against a pole for only an hour when I started to feel desperate and hopeless. I wanted to cry. I stopped myself several times from begging the people passing by to help me. Help from what? I still cannot describe what I wanted. Then something amazing happened. Ivon, a forty-seven-year-old man who I had never met, approached me. Immediately, I felt immense relief. "When she is finished, they give out food," he said referring to a woman who was preaching in Spanish some distance away. Even though I was at first scared to speak to him, his kindness and obvious yearning for companionship compelled me to respond. "OK." I would have said more except that my tongue seemed to be stuck. That was my first word in over an hour.

He used the payphone next to me. Then he told me that I had to get a number to get food. Without meaning to, I got up and followed him to one of the park benches. "I'm Ivon," he said. I complimented him on his name because it was the only nice thing that came to mind. Right away, Ivon wanted to serve as my protector. He kept telling me that I was attractive and that men often take advantage of women who look like me. Only then did I begin thinking about how hard it must be for women on the streets. Ivon got three numbers from the lady who was passing them out. He eventually gave the extra one to someone without a number. Incredibly, four people tried to snatch the paper from him, but only one was victorious.

I had to wait for them to call number 63 before I could get my food. When the lady handed me the plate, I felt ashamed, embarrassed. I wondered if she thought that I was inferior to her; I wanted to run to my car and go home. But before I knew it, I received my food: a soda and a little container with vanilla pudding. I did not have to look at the woman anymore. The feeling of shame receded.

I felt angry that people had to live like this and could not handle being around Ivon, or any other homeless person anymore. I was depressed because I was powerless to help them. I told Ivon that I wanted to return to the Government Centre and even thought about an excuse to get him to leave me alone. I did not want him to discover that I was not truly homeless. Gratefully, he told me that he was going back to Bayside and I was relieved of that burden. As I drove up the ramp to I-95, I began to realise that I was going home to my shower, my refrigerator, my job and my bed. I felt human again.

My Name: ____________________

6b	Third Test	7th March 2019

1. READING: THE LIVES OF HOMELESS PEOPLE

Read the text below, then choose the correct answer (A, B, C or D) for questions 1–6. Put a ☒ in the correct box. The first one (0) has been done for you.

Outcasts

My stomach was growling, and I felt faint from the heat of the sun. A plate of any type of food and a drop of water would have been a great treat, but what I really wanted was a smile or a friendly greeting from one of the clean, normal people. Instead, they gave me stares and frowns, which hurt more than the thought of having no food or money. Sleeping on the streets, in gutters, under bus shelters, on the cold steps of a courthouse or under a tree is a terrible way to live. But one of the biggest tragedies of not having a home is that the homeless are treated like outcasts, as if they are no longer human beings. I realised this truth first hand when I walked the streets of downtown Miami posing as a homeless woman.

I soon realised that homeless people have to find something in common with each other. They cannot survive on the hope that a passer-by will feel sympathy and offer them a helping hand. Many people do not socialise with the homeless and blame them for being in an unfortunate situation. Too often, people think that addiction to alcohol, gambling or some other vice is the reason that a person is on the streets or in a shelter. The fact is that there are many other causes of homelessness. Poverty remains the largest contributor to homelessness, although domestic violence, family disputes and unemployment are other reasons that a person can end up begging on the streets. Often, homeless persons become addicted to drugs or alcohol once they find themselves on the street. They start to lose hope that they their lives will ever go back to normal. Drugs and alcohol are useful for dulling pain and making harsh realities seem less dim.

I remember sitting on the floor at the Government Centre with my back against a pole for only an hour when I started to feel desperate and hopeless. I wanted to cry. I stopped myself several times from begging the people passing by to help me. Help from what? I still cannot describe what I wanted. Then something amazing happened. Ivon, a forty-seven-year-old man who I had never met, approached me. Immediately, I felt immense relief. "When she is finished, they give out food," he said referring to a woman who was preaching in Spanish some distance away. Even though I was at first scared to speak to him, his kindness and obvious yearning for companionship compelled me to respond. "OK." I would have said more except that my tongue seemed to be stuck. That was my first word in over an hour.

He used the payphone next to me. Then he told me that I had to get a number to get food. Without meaning to, I got up and followed him to one of the park benches. "I'm Ivon," he said. I complimented him on his name because it was the only nice thing that came to mind. Right away, Ivon wanted to serve as my protector. He kept telling me that I was attractive and that men often take advantage of women who look like me. Only then did I begin thinking about how hard it must be for women on the streets. Ivon got three numbers from the lady who was passing them out. He eventually gave the extra one to someone without a number. Incredibly, four people tried to snatch the paper from him, but only one was victorious.

I had to wait for them to call number 63 before I could get my food. When the lady handed me the plate, I felt ashamed, embarrassed. I wondered if she thought that I was inferior to her; I wanted to run to my car and go home. But before I knew it, I received my food: a soda and a little container with vanilla pudding. I did not have to look at the woman anymore. The feeling of shame receded.

I felt angry that people had to live like this and could not handle being around Ivon, or any other homeless person anymore. I was depressed because I was powerless to help them. I told Ivon that I wanted to return to the Government Centre and even thought about an excuse to get him to leave me alone. I did not want him to discover that I was not truly homeless. Gratefully, he told me that he was going back to Bayside and I was relieved of that burden. As I drove up the ramp to I-95, I began to realise that I was going home to my shower, my refrigerator, my job and my bed. I felt human again.

1

Die Ausschnitte der Arbeitsblätter in Originalgröße (linke Seite) zeigen, dass der obere Lesetext sehr dicht wirkt und kaum zum Lesen einlädt. In einem ersten Verbesserungsschritt entstand im unteren Beispiel durch mehr Zeilenabstand, einer Reduktion der unnötig großen Schriftgröße und weniger langen Zeilen ein angenehmeres Satzbild. Die breiteren „Weißräume“ (siehe Abbildungen rechte Seite) neben dem Fließtext bieten Platz für Notizen und ermöglichen eine Lochung.

ls ich vor einigen Jahren das Thomas-Bernhard-Stück „Alte Meister" im Theater sah, wurde ich jäh aus dem Monolog des Protagonisten gerissen, da ihm offenbar der Text entfallen war. Ich saß nah am Geschehen und der vor mir stehende, sich an die Soufflouse wendende Schauspieler wurde mir in dem Moment als Person, statt in seiner Rolle, bewusst. Die Lücke im Text riss mich als Zuseher also kurzzeitig aus dem Verlauf der vorgetragenen Geschichte und lenkte den Fokus der Aufmerksamkeit an einen anderen Ort. Fassen wir nach Michael Twyman [1] Typografie als Teil der Sprache an sich auf, so kann die Unterbrechung des schauspielerischen Vortrags als Metapher für löchrige Detailtypografie stehen. Was mich durch unerwartete Unterbrechungen oder Pausen vom Lesen ablenkt, reisst mich weg vom Inhalt. Wenn Bain die besten Lehrer fragt, „Wo kann ich Wirrwarr in meiner Sprache vermeiden" [2] müssen Sie diese Frage demnach auch an die Typografie Ihrer Lern-Dokumente richten.

Was vereint Typografie mit Schauspiel?

Kernaspekte

Der Lesetext eines Dokuments ist ein wesentlicher Baustein eines Lerndokuments. Anders als etwa bei Überschriften ist hier der Grundsatz entscheidend, dass nichts auf der Dokumentseite vom Lesen ablenken soll. Zur Beurteilung der Erscheinung eines Lesetexts sprechen Typograf·innen vom „Grauwert" einer Seite. Ein missverständlicher Begriff, da es sich hierbei um keinen messbaren Wert, sondern um die subjektive Wahrnehmung der grauen Fläche handelt, die sich aus dem Zusammenspiel aus Schriftart, Schriftgröße, Zeilenabstand und anderen Faktoren ergibt. Diese graue Fläche wird z. B. bei zu wenig Zeilenabstand sehr dunkel. Bei ungenügenden Blocksatzeinstellungen entstehen weiße Löcher zwischen den Wörtern, die graue Fläche wirkt dann unruhig. Für eine gute Lesbarkeit soll der Lesetext eine möglichst gleichmäßige Textur aufweisen [3].

Schlüsseldefinitionen

Um einen ruhigen Grauwert zu erreichen ist es nötig, einige typografische Grundbegriffe zu verstehen. Diese ermöglichen es insbesondere, diverse Voreinstellungen der Software nicht als gegeben hinzunehmen und Verbesserungen nach eigenem Geschmack vorzunehmen. Die folgenden 12 Begriffe sind dafür wesentlich.

Schriftgröße

Pt: 8 10 12 20 36 48 72

Die Größe einer Schrift nennt man auch „Schriftgrad“. Er wird in „Punkt“ („pt“) angegeben. Typografiegeschichtlich variierte dieses Maß von Region zu Region. Der aktuelle DTP-Punkt ist mit 1⁄72 Zoll oder 0,3527 mm definiert.

Wichtigste Bemaßungen

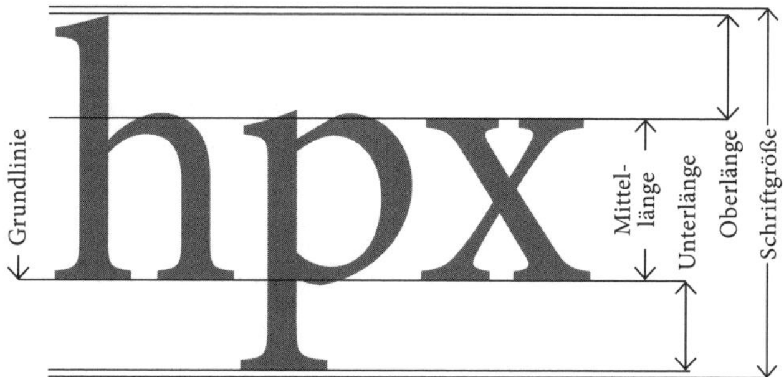

Die heutige Bemaßung von Satzschriften wurzelt in der Zeit des Bleisatzes. Die Schriftgröße misst etwas über die Ober- bzw. Unterlängen hinaus. Hintergrund ist, dass früher die quaderförmigen Bleiträger ebenso etwas größer als die Strecke Unterlänge–Oberlänge dimensioniert waren.

Relative Größenwahrnehmung

gleich groß.
gleich groß.

Der „Mittellänge“, also der Höhe der Kleinbuchstaben, fällt als Konsequenz des oben dargestellten Bemaßungssystems eine besondere Bedeutung zu. Sie kann von Schriftart zu Schriftart bei gleicher Schriftgröße erheblich variieren. So wirken die hier gezeigten Schriften Soleil und Minion verschieden groß, obwohl beide mit exakt 42 pt eingerichtet sind.

Zeilenlänge

Der Spätsommermorgen war lau, und die Türe zum Klassenzimmer stand offen. In dem lärmenden Durcheinander wurde der Eintritt des Schülers Gerber nicht bemerkt.

83 mm

Der graue Text oben misst 9,5 pt. Bei einer Breite von 83 mm hat dieser Text eine Länge von durchschnittlich 60 Zeichen pro Zeile. Allgemein gilt, dass ein Maximum von 75 Zeichen pro Zeile nicht überschritten werden soll. Ansonsten wird beim Lesen das Auffinden der Folgezeilen schwieriger.

Wortabstände

Wort Abstand

Die Breite der Leerräume ist als Teil der Schriftart vom Schrifthersteller fix definiert. Im Flattersatz bleibt diese Breite unverändert, im Blocksatz variiert sie zeilenweise.

Blocksatz

Der Spätsommermorgen war lau, und die Türe zum Klassenzimmer stand offen. In dem lärmenden Durcheinander wurde der Eintritt des Schülers Gerber nicht bemerkt. Er ging zu seinem Platz in der letzten Bank, setzte sich hin und betrachtete ungestört das Bild.

Der Text richtet sowohl an der linken wie auch der rechten Kante der Spalte aus. Er ist sozusagen zugleich „links-“ und „rechtsbündig“.

Veränderte Wortabstände im Blocksatz

Der■Spätsommermorgen■war■lau,■und■die■Türe■zum■Klassenzimmer■stand■offen.■In■dem■lärmenden■Durcheinander wurde■der■Eintritt■des■Schülers■Gerber■nicht■bemerkt.■Er ging■zu■seinem■Platz■in■der■letzten■Bank,■setzte■sich■hin■und betrachtete■ungestört■das■Bild.

Um die besondere Ausrichtung des Blockssatzes zu erzielen werden von der Software die Wortabstände pro Zeile proportional vergrößert oder verkleinert. Dies ist bei einer größeren Anzahl von Abständen kaum merkbar, da sich die Änderung der Breite gleichmäßig auf alle Elemente verteilt.

Löchriger Blocksatz

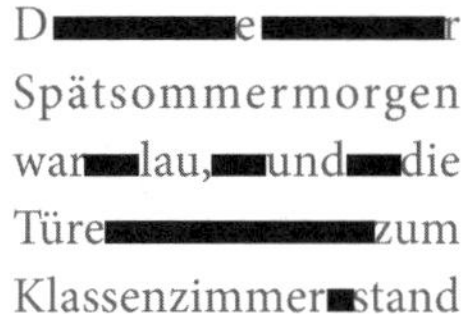

Je weniger Wörter in eine Zeile passen, desto weniger Wortabstände stehen zur Verfügung, um die Zeilen an der Spalte auszurichten. Deshalb entstehen bei zu kurzen Zeilen im Blocksatz unschöne Löcher, die vom Lesen ablenken.

Flattersatz

Der Spätsommermorgen war lau, und die Türe zum Klassenzimmer stand offen. In dem lärmenden Durcheinander wurde der Eintritt des Schülers Gerber nicht bemerkt. Er ging zu seinem Platz in der letzten Bank, setzte sich hin und betrachtete ungestört das Bild. Es unterschied sich durch

Der Text richtet anders als beim Blocksatz *nur an der linken* Kante der Spalte aus. Die rechte Kante „flattert". Die einzelnen Zeilen haben wie der Lesetext dieses Buchs also unterschiedliche Längen.

Zeilenabstand

Der Spätsommermorgen war lau, und die Türe zum Klassenzimmer stand offen. In dem lärmenden Durcheinander wurde der Eintritt des Schülers Gerber nicht bemerkt.

Der Spätsommermorgen war lau, und die Türe zum Klassenzimmer stand offen. In dem lärmenden Durcheinander wurde der Eintritt des Schülers Gerber nicht bemerkt.

Der Spätsommermorgen war lau, und die Türe zum Klassenzimmer stand offen. In dem lärmenden Durcheinander wurde der Eintritt des Schülers Gerber nicht bemerkt.

Der Zeilenabstand wird von Grundlinie zu Grundlinie der Schrift in pt, mm oder Prozent gemessen. Das Satzbild wirkt bei zu wenig Zeilenabstand sehr dicht und nicht einladend (oben). Der Lesetext dieses Buchs hat 4,5 mm Zeilenabstand bzw. 134 % (Mitte). Bei zu viel Zeilenabstand verliert der Text seine Flächenwirkung (unten). Man sieht einzelne Linien statt einer ruhigen Fläche .

Laufweite
Word → Format → Schriftart → Erweitert → Abstand → Gesperrt

Der Spätsommermorgen war lau, und die Türe zum Klassenzimmer stand offen. In dem lärmenden Durcheinander wurde der Eintritt des

Der Spätsommermorgen war lau, und die Türe zum Klassenzimmer stand offen. In dem lärmenden Durch-

Der Spätsommermorgen war lau, und die Türe zum Klassenzimmer stand offen. In dem lärmen-

Verändert man die Laufweite einer Schrift, so werden alle Abstände in der Zeile proportional größer oder kleiner. Zu wenig Laufweite lässt leichte Schriften fleckig wirken (oben). Die leicht erhöhte Laufweite in der Mitte wirkt angenehmer zu lesen. Zu viel Laufweite (unten) ist für die Lesbarkeit nicht besser als zu wenig. Die Textteile wirken ungewollt hervorgehoben.

Versalien

DER SPÄTSOMMERMORGEN WAR LAU, UND DIE TÜRE ZUM KLASSENZIMMER STAND OFFEN. IN DEM LÄRMENDEN DURCHEINANDER WURDE DER EINTRITT DES SCHÜLERS GERBER NICHT BEMERKT. ER GING ZU SEINEM PLATZ IN DER

Anderes Wort für „Großbuchstaben". Für längere Texte ist der Versalsatz nicht geeignet.

Wo die häufigsten Probleme auftreten

Wiederkehrende Ursachen für schlecht lesbare Lerndokumente liegen in 1. zu langen Zeilen, 2. zu wenig oder zu viel Zeilenabstand und 3. löchrigem Blocksatz. Auch längere Texte aus Großbuchstaben (Versalien) sind deutlich schwieriger zu lesen als die übliche Kombination aus Groß- und Kleinbuchstaben [4].

Empfehlungen für die Praxis

- Beachten Sie, dass die Schriftgröße nicht zu klein wird. Je nach Beschaffenheit Ihrer Schrift kann dieser Wert angepasst werden (Abb. S. 46). Ein erprobter Bereich für den Fließtext liegt bei 8–12 pt [5]. Auch wenn eine Faustregel aus dem Schulbereich „nicht unter 10 pt" lautet, kann man bei großer *Mittellänge* (→S. 41) der gewählten Schrift auch geringfügig darunter gehen.

- Die Zeilenlänge (max. 75 Zeichen/Zeile) überprüft man im *Word* → Extras → Wörter zählen
- Der Zeilenabstand soll ein Satzbild erzeugen, das an der Grenze zwischen grauer Fläche und deutlicher Zeilenbildung ist. Meist liegt dieser Wert im Bereich 120–135 % der Schriftgröße. Dieses Buch ist mit 134 % Zeilenabstand gesetzt. Sie können den Zeilenabstand individuell einstellen: *Word* → Start → Symbol mit Pfeil oben/unten → Zeilenabstandsoptionen → Abstand → genau
- Löcher im Blocksatz vermeidet man im Wesentlichen durch zwei Fragen: 1. Sind die Zeilen lang genug? Je mehr Wortabstände desto weniger stark müssen diese variiert werden. Bei weniger als rund 40 Anschlägen pro Zeile *kann* das Programm kein ruhiges Satzbild mehr erzeugen. In diesem Fall, steigen Sie besser auf Flattersatz um. 2. Sind die „Trennungen" aktiviert? Das Satzbild wird deutlich besser, wenn Sie am Ende der Zeilen Trennungen erlauben. Maximal drei Trennungen in Folge sind akzeptabel. *Word* → Layout → abc → Trennungen aktivieren
- Blocksatz oder Flattersatz: Für die Gestaltung des Lesetexts eine reine Geschmacksfrage. Typografie-Anfänger·innen bevorzugen erfahrungsgemäß den Blocksatz wegen seiner vordergründig „saubereren" Erscheinung. Überschriften, Aufzählungen und Bildunterschriften setzen Sie in jedem Fall besser im Flattersatz.

Unten: Die Lücken in der dritten Zeile sind unschön und behindern das Lesen. Hier wäre das Problem zu lösen, indem man „Silbentrennung" (Word → Layout → abc-Symbol) aktiviert. Das Formularfeld der beiden letzten Zeilen ist zu kurz, um Vor- und Nachnamen einzutragen, während zwischen „Kanzlerkandidatin" und dem folgenden Feld eine große Lücke ist.

Ganz unten: Vom Blocksatz ist bei wenigen Textzeilen generell abzuraten. Fragen, Aufforderungen, Bildunterschriften, Überschriften setzt man besser im Flattersatz. Dieses Beispiel wäre zu verbessern, indem nach inhaltlichem Sinn umbrochen wird: „und Gesetze beschließen will" wäre demnach besser vollständig in der zweiten Zeile zu setzen.

2. Wählt einen Kandidaten aus eurer Partei aus, der für die Wahl des Bundeskanzlers / der Bundeskanzlerin kandidieren wird. Die weiteren Gruppenmitglieder werden zu Ministern in euren wichtigsten Bereichen *(z.B. BildungsministerIn, UmweltministerIn, SportministerIn)*. Tragt die Namen unten ein:

KanzlerkandidatIn: ______________________

MinisterIn (Art des Ministers in der Klammer): ______________________

4. Entscheidet euch, wie eure Partei in Zukunft Entscheidungen treffen und Gesetze beschließen will.

Beachtet dabei die Vor- und Nachteile der direkten und indirekten Demokratie und nutzt dazu das Hilfsblatt!

Konflikte: Wo sind sich die Experten uneins?
Der Bereich der Detailtypografie bietet ein breites Feld für Meinungsverschiedenheiten. Was für die Eine ein gelungener Zeilenabstand ist, mag für den Anderen bereits zu viel sein. Kritisch sind gewisse Faustregeln zu hinterfragen, die ungeachtet der Mittellängen-Unterschiede verbindliche Schriftgrößen- und Zeilenabstands-Empfehlungen geben. Die weit verbreitete Annahme, dass die Zeilenabstandsvoreinstellungen im Word („1-fach" etc.) einem best-practise-Standard entsprächen ist zu hinterfragen. Nach Experimenten des Autors entspricht „1-fach" einem Zeilenabstand von 122,5 %. Bei einer 10 pt Schrift bedeutet das also 12,25 pt Zeilenabstand. Warum dieser Wert nicht für jede 10 pt-Schrift gleichermaßen geeignet sein kann, wurde in diesem Kapitel im Zusammenhang mit der relativen Größenwahrnehmung von Schriftgrößen erörtert.

Eine neue Perspektive ergibt sich aus dem Studium von Büchern, die Sie selbst gerne lesen und schön finden. Bei den jährlichen Bewerben der „Schönsten Bücher Deutschlands" werden beispielsweise Publikationen mit verschiedensten detailtypografischen Zugängen ausgezeichnet.

Letztlich zählt die Lesbarkeit des Lesetexts, die Sie nunmehr positiv beeinflussen können. Da Ihre Lerndokumente ja nicht nur aus Lesetexten bestehen, befasst sich das folgende Kapitel 3 mit „Formatierungen" an sich. Diese bilden die Basis für Kapitel 4, in dem die standardisierten grafischen Bausteine eines Dokuments vorgestellt werden.

Vorsicht bei Patentrezepten: Sind diese drei Beispiele wirklich der Größe nach geordnet? Nein, alle sind 10 pt groß. Wie verlässlich kann also eine „Regel" sein, wonach ein Lerntext nicht kleiner als 10 pt gesetzt werden soll? (Die Schriften von oben nach unten sind: Minion, Comic Sans, OCR A)

Der Spätsommermorgen war lau, und die Türe zum Klassenzimmer stand offen. In dem lärmenden Durcheinander wurde der Eintritt des Schülers Gerber nicht bemerkt. Er ging zu seinem Platz in der letzten Bank, setzte sich hin und betrachtete ungestört das

Der Spätsommermorgen war lau, und die Türe zum Klassenzimmer stand offen. In dem lärmenden Durcheinander wurde der Eintritt des Schülers Gerber nicht bemerkt. Er ging zu seinem Platz in der letzten Bank, setzte

Der Spätsommermorgen war lau, und die Türe zum Klassenzimmer stand offen. In dem lärmenden Durcheinander wurde der Eintritt des Schülers

Die Lernergebnisse dieses Kapitels

- Sie kennen die wichtigsten detailtypografischen Begriffe.
- Sie wissen, warum der „Grauwert" für die Lesbarkeit Ihrer Dokumente von Bedeutung ist.
- Sie wissen, wie das Punkt-Maß und die Mittellänge zur relativen Größenwahrnehmung einer Schrift beitragen.
- Sie wissen, warum Blocksatz in einigen Situationen keine geeignete Satzmethode ist.
- Sie wissen, warum Sie Löcher im Blocksatz vermeiden sollten und worauf es ankommt, um dies zu erreichen.
- Sie wissen, dass automatisiserte Zeilenabstandseinstellungen wie „1-fach" im Word nicht für jede Schrift gleich geeignet sind.
- Sie wissen, warum die versteckte Einstellung der Laufweite Ihren Dokumenten den letzten Schliff gibt.

3. Schaffen Ihre Formatierungen Verlässlichkeit?

Das Wichtigste:

- **Gleichbleibender Einsatz aller Formatierungen**
- **Nicht zu viele Formatierungen wählen**
- **Ein Thema nicht doppelt und dreifach hervorheben**
- **Unterstreichen auf eigene Gefahr**
- **Mit der Word-Funktion „Formatierungen" arbeiten**

Das Personalpronomen (persönliches Fürwort)

Personalpronomen sind die häufigsten und wichtigsten Pronomen. Sie stehen stellvertretend für Personen oder Sachen:

Als der Sportler beim Schifahren stürzte, brach ***er*** *sich den Arm.*
Unser Auto gibt seit heute komische Geräusche von sich, ***es*** *gehört in die Werkstatt.*

Da das Personalpronomen in einem Satz stellvertretend für ein Nomen (Hauptwort) steht, muss es entsprechend angepasst werden:

	Fall	1. Person	2. Person	3. Person		
Einzahl	1. Fall	ich	du	er	sie	es
	2. Fall	meiner	deiner	seiner	ihrer	seiner
	3. Fall	mir	dir	ihm	ihr	ihm
	4. Fall	mich	dich	ihn	sie	es
Mehrzahl	1. Fall	wir	ihr	sie		
	2. Fall	unser	euer	ihrer		
	3. Fall	uns	euch	ihnen		
	4. Fall	uns	euch	sie		

Schaut euch die folgenden Beispielsätze an und versucht, die Erklärung oben zu verstehen. Markiert die Person oder die Sache, auf die sich das unterstrichene Personalpronomen bezieht.

Der Vater kauft dem Sohn ein Eis. Es schmeckt ***ihm*** *sehr.*

Das Bild gefällt mir, ***es*** *ist so schön bunt.*

Wem gehört der Stift? – ***Er*** *gehört mir.*

Schon seit einigen Stunden brennt die Sonne auf meinen Kopf, ***sie*** *wird Kopfschmerzen verursachen.*

Zusatz:

Findest du in der vorherigen Übung noch weitere Personalpronomen? Markiere sie in einer anderen Farbe.

Merksatz:

Die Personalpronomen (ich, du, er/sie/es, wir, ihr, sie) sind die häufigsten und wichtigsten Pronomen. Da sie im Satz stellvertretend für ein Nomen stehen, müssen sie entsprechend der Person und dem richtigen Fall angepasst werden.

Das Beispiel rechts wurde durch nur vier Änderungen an den Formatierungen übersichtlicher als das Ausgangsdokument links. Die strukturelle Analyse des Inhalts dieser Blätter (S. 58–59) macht deutlich, welche Elemente grundsätzlich gleich zu behandeln sind und wo sich grafische Spielräume ergeben.

Deutsch - Grammatik Thema: Pronomen 3. Klasse

Das Personalpronomen (persönliches Fürwort)

Personalpronomen sind die häufigsten und wichtigsten Pronomen. Sie stehen stellvertretend für Personen oder Sachen:

*Als der Sportler beim Schifahren stürzte, brach **er** sich den Arm.*
*Unser Auto gibt seit heute komische Geräusche von sich, **es** gehört in die Werkstatt.*

Da das Personalpronomen in einem Satz stellvertretend für ein Nomen (Hauptwort) steht, muss es entsprechend angepasst werden:

	Fall	1. Person	2. Person	3. Person		
Einzahl	1. Fall	**ich**	**du**	**er**	**sie**	**es**
	2. Fall	**meiner**	**deiner**	**seiner**	**ihrer**	**seiner**
	3. Fall	**mir**	**dir**	**ihm**	**ihr**	**ihm**
	4. Fall	**mich**	**dich**	**ihn**	**sie**	**es**
Mehrzahl	1. Fall	**wir**	**ihr**	**sie**		
	2. Fall	**unser**	**euer**	**ihrer**		
	3. Fall	**uns**	**euch**	**ihnen**		
	4. Fall	**uns**	**euch**	**sie**		

Schaut euch die folgenden Beispielsätze an und versucht, die Erklärung oben zu verstehen.
Markiert die Person oder die Sache, auf die sich das unterstrichene Personalpronomen bezieht.

*Der Vater kauft dem Sohn ein Eis. Es schmeckt **ihm** sehr.*

*Das Bild gefällt mir, **es** ist so schön bunt.*

*Wem gehört der Stift? – **Er** gehört mir.*

*Schon seit einigen Stunden brennt die Sonne auf meinen Kopf, **sie** wird Kopfschmerzen verursachen.*

Zusatz:

Findest du in der vorherigen Übung noch weitere Personalpronomen?
Markiere sie in einer anderen Farbe.

Merksatz:

Die Personalpronomen (ich, du, er/sie/es, wir, ihr, sie) sind die häufigsten und wichtigsten Pronomen. Da sie im Satz stellvertretend für ein Nomen stehen, müssen sie entsprechend der Person und dem richtigen Fall angepasst werden.

1/2

In „How to read a book" betonen die Autoren (Adler et al., 1972) die Bedeutung von selbst erstellten Notizen und Hervorhebungen für einen Text, den wir lesen und verstehen möchten. Wir kennen diese Lern-Technik aus unserer eigenen Schulzeit, und manche Menschen lesen auch weiterhin ihre Bücher aus Prinzip nur mit einem Bleistift in ihrer Hand. Auch typografische Hervorhebungen, die ja einem ähnlichen Zweck dienen, sehen wir als selbstverständlich an. Groß gesetzte Wörter am oberen Rand einer Seite interpretieren wir als Überschrift etc. Meine Zusammenarbeit mit angehenden Lehrpersonen zeigte, dass diese Formatierungen, „typografische Auszeichnungen" genannt, auch ein besonderes Anliegen bei der Erstellung ihrer Lernmaterialien war. Von einigen Studierenden wurden sie bemerkenswerterweise als die wichtigste der vorliegenden acht Fragen empfunden.

Kernaspekte

Für den Erfolg von Auszeichnungen und strukturgebenden typografischen Elementen ist ihr konsequenter und Sinn stiftender Einsatz entscheidend. Ein Text mit drei Überschriftshierachien braucht drei klar unterscheidbare Formatierungen, die in weiterer Folge die je gleichen Inhalte sichtbar machen. Wer am Englisch-Arbeitsblatt neue Vokabeln kursiv und Merksätze in rot setzt, muss dabei bleiben. Man vergibt eine Chance auf Eindeutigkeit, wenn beim nächsten Kapitel neue Vokabeln fett und Merksätze plötzlich in Großbuchstaben gesetzt werden.

Formatierungen können variantenreich definiert werden: Kursiv- und bold-Stellung, Farbe, Versalien bzw. Kapitälchen, Änderung der Schriftgröße, Hinterlegung mit Farbbalken usw. Häufig verwenden Lehrpersonen auch Unterstreichungen, die jedoch Nachteile haben. Auch eine Änderung der Schriftart bei der Zwischenüberschrift „Kernaspekte" in diesem Buch, ist für Anfänger·innen problematisch.

Rechts: Typografische Auszeichnungen wie Versalsatz, Kursivstellung und Einrückungen erleichtern die Orientierung im heute wohl bekanntesten frühen Nachschlagewerk: Diderots Encyclopédie aus dem 18. Jahrhundert.

blement. [*K*]
CARRELAGE, ſ. m. *en architecture*, ſe dit de tout ouvrage fait de carreau de terre cuite, ou de pierre, ou de marbre. (*P*)
CARRELER, v. act. c'eſt paver une chambre, une ſalle, *&c.* avec des carreaux. Ce travail s'exécu-

Schlüsseldefinitionen
Eine heutige Schrift besteht aus einem Sammelsurium an Zeichen verschiedenster Herkunft. Groß- und Kleinbuchstaben, aber auch die Kursive waren anfangs eigenständige Schriftsysteme, die erst später vermischt wurden. Fette Schriftschnitte sind eine Weiterentwicklung einer Mode (serifenbetonte Schriften) aus dem 19. Jahrhundert. Und arabische Ziffern haben in Mitteleuropa ebenso Migrationshintergrund wie das @-Zeichen oder die so genannten französischen Anführungen «».
Wenn Sie die Möglichkeiten der Formatierungen für sich ausloten möchten, sehen Sie sich daher zuerst den Zeichensatz Ihrer Schrift genauer an.

Wiederholung: Schriftschnitte

Regular, *Italic*
Bold, *Bold Italic*

Auf S. 26 wurden Schriftschnitte als Teil einer Schriftart besprochen. Hier sollen sie als *eine* Ressource für Hervorhebungen und andere Formatierungen nochmals angeführt werden. Wie aus dem nächsten Punkt hervorgeht, sind der Italic sowie der Bold klare Rollen zugeordnet. Der Nutzen aus deren Kombination, also „Bold Italic“, konnte sich dem Autor während seiner bisherigen gestalterischen Tätigkeit nicht erschließen.

Aktive und passive Auszeichnungen

Der Spätsommermorgen war lau, und die Türe zum Klassenzimmer stand offen. In dem *lärmenden Durcheinander* wurde der Eintritt des **Schülers Gerber** nicht bemerkt. Er ging zu seinem Platz in der LETZTEN BANK, setzte sich hin und b e t r a c h t e t e ungestört das Bild.

Unter einer Auszeichnungsart versteht man eine wie auch immer geartete Hervorhebung. Diese kann zurückhaltend, also „passiv“ (Kursive in der Zeile 2) oder auffallend, also „aktiv“ (Fett in der Zeile 3) sein. Kapitälchen (Zeile 4) wirken etwas dezenter als reiner Versalsatz. Zu beachten ist bei Zeile 5, dass eine punktuelle Laufweitenerhöhung (→ S. 44) auch zu einer Hervorhebung im Satzbild führt.

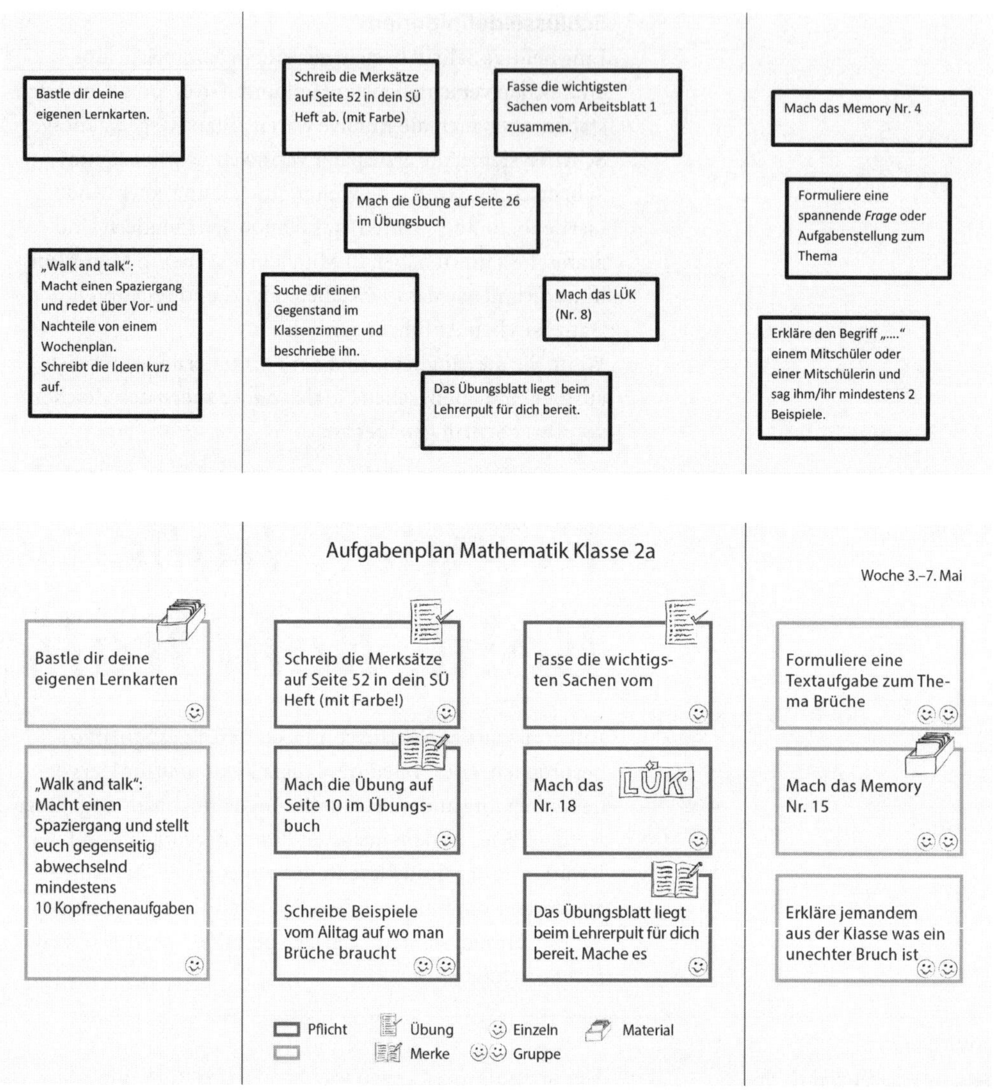

Dieser Wochenplan gibt eine Übersicht der Inhalte des Mathematikunterrichts und kann ausgeschnitten und gefalzt in das Übungsheft eingeklebt werden. Diese an sich gute Idee einer Lehrerin wurde durch diverse Formatierungsmaßnahmen (unten) noch deutlicher strukturiert: Eine Überschrift stellt den Kontext her. Aufforderungen zur Aktivität wurden kursiv gestellt und eine Auswahl an Piktogrammen (→ S. 81) erläutert auf einen Blick die Details für den jeweiligen Eintrag.

Intrinsisch und Extrinsisch

1 Twyman M (1982). «THE GRAPHIC PRESENTATION OF LANGUAGE.» *Information Design Journal.* 3/1, 2–22

2 Twyman M (1982)
The graphic presentation of language.
Information Design Journal. 3/1, 2–22

Hervorhebungen können über den Zeichensatz der gewählten Schrift selbst (bold, kursiv etc.), also ihren „intrinsischen" Möglichkeiten, erzielt werden. Die bereits vorgestellten Schriftschnitte „Kapitälchen" und „Kursive" erledigen dies im Beispiel 1. Das Beispiel 2 erzielt hingegen dieselbe Wirkung unter ausschließlicher Verwendung der „Regular". Die „extrinsische" Auszeichnungsart funktioniert in diesem Fall über die *Anordnung* der Elemente. Auch Farbcodierung oder ein veränderter Zeichenabstand (→S. 53) zählen zu diesen „extrinsichen" Möglichkeiten. Gemeint ist also alles, was mit einer bestehenden Schrift *getan* werden kann (Twyman, 1982, 11–16). Dieser Unterschied ist für die Gestaltung von Lernmaterialien insofern relevant, als er die Bandbreite an Hervorhebungs- bzw. Codierungsmöglichkeiten verdeutlicht.

Kapitälchen

1 SCHÜLER

2 SCHÜLER

Kapitälchen sind ein eigenständiger Teil des Zeichensatzes einer Schrift. Man erkennt sie an konstanten Strichstärke aller Zeichen (Beispiel 1) unabhängig davon, ob es sich um „große" oder „verkleinerte" Versalien (Großbuchstaben) handelt. Dem zuwiderlaufend ermöglichen heutige Softwareanwendungen das „künstliche" Erstellen von Kapitälchen, indem die kleineren Zeichen gezoomt werden (Beispiel 2). Resultat: den derart veränderten Zeichen fehlt es an visueller Konstanz, was schlechterdings vom Lesen ablenken kann.

Kontraste

1 **Beispielüberschrift**
Der Spätsommermorgen war lau, und die Türe zum Klassenzimmer stand offen. In dem lärmenden Durcheinander wurde der Eintritt des Schülers Gerber nicht bemerkt.

2 Beispielüberschrift
Der Spätsommermorgen war lau, und die Türe zum Klassenzimmer stand offen. In dem lärmenden Durcheinander wurde der Eintritt des Schülers Gerber nicht bemerkt.

Ein gestalterisches Prinzip liegt im „wenn schon – denn schon“. Wenn man eine Überschrift vom restlichen Text hervorheben will, so soll diese *deutlich* größer oder wie hier *deutlich* fetter als der restliche Text sein. Das Beispiel 2 wirkt im Vergleich zu 1 schwach und verhalten.

Wo die häufigsten Probleme auftreten

Die besprochenen Auszeichnungsmöglichkeiten verleiten dazu, *zu viel* hervorheben zu wollen. Dazu gehört auch die Anzahl der gewählten Schriftarten. Wer etwas hervorheben will, braucht dies nicht in Hülle und Fülle zu tun. Eine Überschrift ist durchaus als solche erkennbar, wenn sie beispielsweise aus der Fließtextschrift, groß und in Farbe gesetzt wird (Abb. S. 57). Gerade Anfängerinnen neigen dazu, etwas nur dann als hervorgehoben durchgehen zu lassen, wenn die Schriftart gewechselt wird und das Wort größer, in Farbe, bold, Versalien, kursiv und unterstrichen ist.

Rechts: Vorsicht: Ironie.

Wichtig!!!!!!!!!!!!!! *V E R S T E H E N S I E was hier gemeint ist*??????????????????????
??
?????????????????!!!!!!!! Wirklich?

Der Umkehrschluss zu diesem Problem besteht dann, wenn von den Möglichkeiten der Formatierungen teilweise überhaupt kein Gebrauch gemacht wird.
Als besonderer Problemfall unter den Auszeichnungsarten ist zudem das Unterstreichen anzuführen. Was bei handschriftlichen Notizen in einem Buch selbstverständlich ist, ist bei Satzschriften problematisch: Die Unterstreichung zerstört die Unterlängen der Schrift, womit der Fließtext schwerer zu lesen wird.

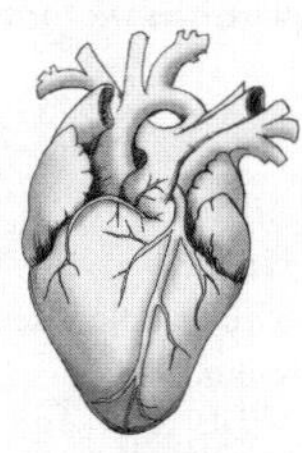

Puls und Blutdruck

Nach einer großen Anstrengung kannst du deinen Pulsschlag fühlen. Wie Puls und Blutdruck entstehen und wie man sie messen kann, sollst du im Partnerpuzzle erlernen. Dazu ist jeder von euch einmal Arzt und einmal Patient.

Puls und Blutdruck

Nach einer großen Anstrengung, kannst du deinen Pulsschlag fühlen. Wie Puls und Blutdruck entstehen und wie man sie messen kann, sollst du im Partnerpuzzle erlernen. Dazu ist jeder von euch einmal Arzt und einmal Patient.
Jeder Partner wird Experte (Arzt) für ein Thema (A: Puls, Niveau * oder B: Blutdruck, Niveau **). Im Anschluss erklärst du deinem Partner (Patient) wie der Puls bzw. der Blutdruck entsteht und gemessen werden kann.

Oben: Die obere, korrigierte Version dieses Arbeitsblattes arbeitet gemäß dem Motto „wenn schon – denn schon" und braucht dabei nur zwei Formatierungsvarianten: 1. ein deutlicher Größenkontrast der Überschrift zum Fließtext und 2. Verwendung von grau (im Original rot) als Schriftfarbe. Diese Zurückhaltung in der Wahl der Mittel ergibt ein überzeugenderes Ergebnis als beim Ausgangsdokument unten. Bei Letzterem wurden doppelt so viele Hervorhebungsvarianten eingesetzt: 1. Fett, 2. Größe, 3. Mittelachse statt linksbündig und 4. Hinterlegung mit einem grauen Balken).

Empfehlungen für die Praxis

- Farbcodierungen: Wenn man Themen, Überschriften etc. mit Farben hervorheben möchte, ist zu beachten, dass 1. die gewählten Farben verbal benennbar sind und 2. nicht mehr als 6–8 Farben zum Einsatz kommen. Ein Vorteil von Farbcodierungen liegt in ihrem Potenzial, Stimmungen zu erzeugen. Der offensichtliche Nachteil liegt in ihrer Verfügbarkeit: Farbausdrucke sind teurer und im Kontext der gedruckten Lernmaterialien selten finanzierbar[1]. Erschwerend hinzu kommt, dass einer von 12 Männern und eine von 200 Frauen weltweit farbenblind sind (Colour Blind Awarness, 2019). Sollten sie trotzdem mit Farbcodierungen arbeiten, wie beispielsweise bei der Erstellung digitaler Lerndokumente, gilt, dass diese zur besseren Lesbarkeit grundsätzlich mit einer anderen Formatierungsvariante (z. B. Schrägstellung, Bold o. Ä.) kombiniert werden sollte.
- Im „Bereich Formatvorlagen" im Word können bestehende Formatierungen nach eigenen Vorstellungen abgeändert werden. Diese können als Basis für die Gestaltung weiterer Lerndokumente verwendet werden. Die Arbeit mit diesen Vorlagen erleichert den Entwurfsvorgang und ist ausdrücklich empfohlen. *Word* → Start → Bereich Formatvorlagen Als „Absatzformate" definiert man Fließtext, Bildunterschriften und Überschriften. „Zeichenformate" werden verwendet für Hervorhebungen innerhalb des Fließtexts wie z. B. Fettstellungen.

Was wird hier wie formatiert?

Das Personalpronomen (persönliches Fürwort)

Personalpronomen sind die häufigsten und wichtigsten Pronomen. Sie stehen stellvertretend für Personen oder Sachen:

*Als der Sportler beim Schifahren stürzte, brach **er** sich den Arm.*
*Unser Auto gibt seit heute komische Geräusche von sich, **es** gehört in die Werkstatt.*

Da das Personalpronomen in einem Satz stellvertretend für ein Nomen (Hauptwort) steht, muss es entsprechend angepasst werden:

	Fall	1. Person	2. Person	3. Person		
Einzahl	1. Fall	ich	du	er	sie	es
	2. Fall	meiner	deiner	seiner	ihrer	seiner
	3. Fall	mir	dir	ihm	ihr	ihm
	4. Fall	mich	dich	ihn	sie	es
Mehrzahl	1. Fall	wir	ihr	sie		
	2. Fall	unser	euer	ihrer		
	3. Fall	uns	euch	ihnen		
	4. Fall	uns	euch	sie		

Schaut euch die folgenden Beispielsätze an und versucht, die Erklärung oben zu verstehen. Markiert die Person oder die Sache, auf die sich das unterstrichene Personalpronomen bezieht.

*Der Vater kauft dem Sohn ein Eis. Es schmeckt **ihm** sehr.*

*Das Bild gefällt mir, **es** ist so schön bunt.*

*Wem gehört der Stift? – **Er** gehört mir.*

*Schon seit einigen Stunden brennt die Sonne auf meinen Kopf, **sie** wird Kopfschmerzen verursachen.*

Zusatz:

Findest du in der vorherigen Übung noch weitere Personalpronomen? Markiere sie in einer anderen Farbe.

Merksatz:

Die Personalpronomen (ich, du, er/sie/es, wir, ihr, sie) sind die häufigsten und wichtigsten Pronomen. Da sie im Satz stellvertretend für ein Nomen stehen, müssen sie entsprechend der Person und dem richtigen Fall angepasst werden.

1.
Was: Überschrift (Hierarchie)
Wie: Größe, Bold, Achse, Weißraum

2.
Was: Inhaltliche Struktur diagrammatisch auf zwei Hierarchien
Wie: Tabelle als Anordnungsmethode Größe, Bold, Achse

3a.
Was: Arbeitsauftrag
Wie: Fließtext

3b.
Was: Arbeitsauftrag
Wie: Fließtext

Die rechte Seite wirkt übersichtlicher als die linke. Es ist erstaunlich, dass diese Verbesserung mit vergleichsweise geringen Änderungen zustandegekommen ist. Die Analyse dreier Textelemente dieses Arbeitsblatts zeigt, welche Spielräume sich ergeben, wenn man die sprachliche Funktion eines Bausteins hinterfragt: 3a/b fungiert z. B. als *Arbeitsauftrag* an die Schüler·innen. Die Aufgabe des ersten Absatzes („Personalpronomen sind die häufigsten und wichtgsten Pronomen …") liegt indessen darin, zu *informieren* – hier sollen die Schüler·innen also nicht agieren, sondern passiv Informationen aufnehmen. Diese leicht zu erkennenden inhaltlichen Unterschiede führen idealerweise zu Unterschieden in der Formatierung eines Dokuments.

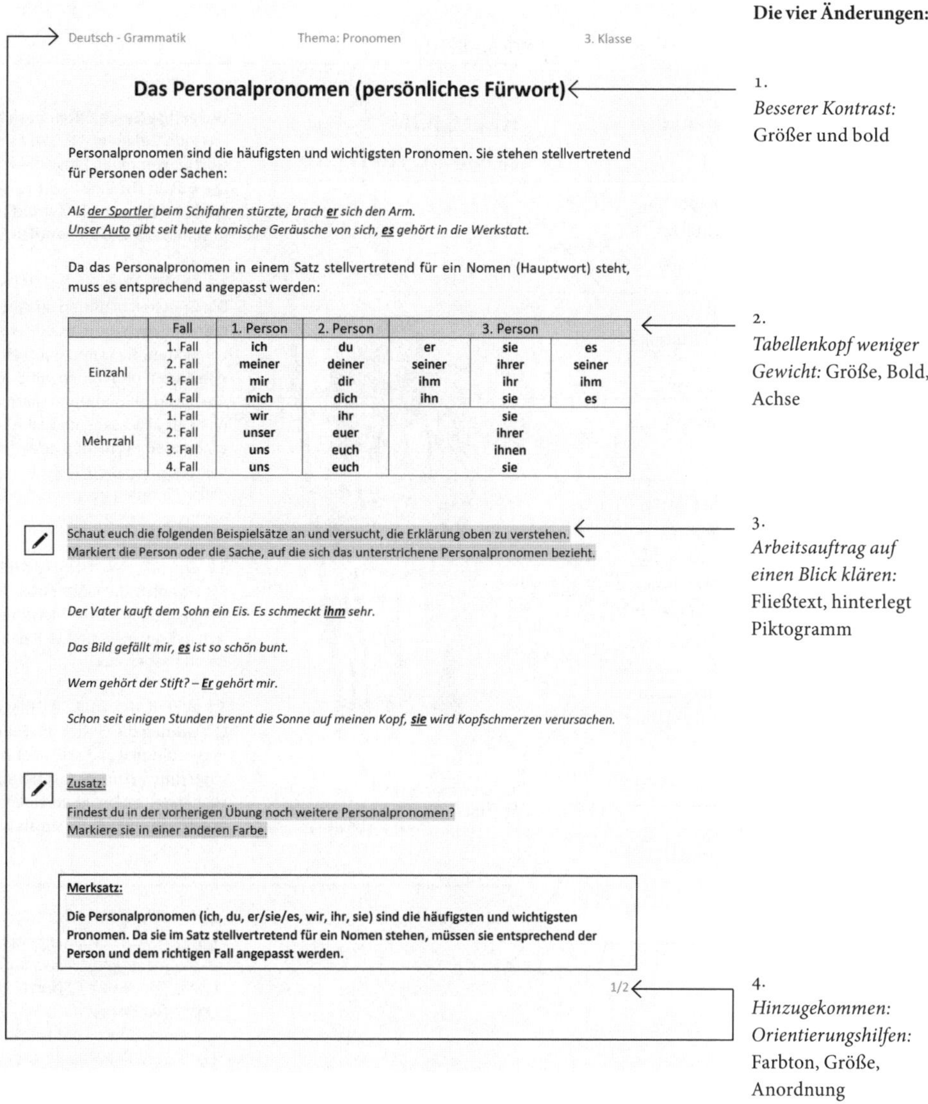

Deutsch - Grammatik Thema: Pronomen 3. Klasse

Das Personalpronomen (persönliches Fürwort)

Personalpronomen sind die häufigsten und wichtigsten Pronomen. Sie stehen stellvertretend für Personen oder Sachen:

*Als der Sportler beim Schifahren stürzte, brach **er** sich den Arm.*
*Unser Auto gibt seit heute komische Geräusche von sich, **es** gehört in die Werkstatt.*

Da das Personalpronomen in einem Satz stellvertretend für ein Nomen (Hauptwort) steht, muss es entsprechend angepasst werden:

	Fall	1. Person	2. Person	3. Person		
Einzahl	1. Fall	**ich**	**du**	**er**	**sie**	**es**
	2. Fall	**meiner**	**deiner**	**seiner**	**ihrer**	**seiner**
	3. Fall	**mir**	**dir**	**ihm**	**ihr**	**ihm**
	4. Fall	**mich**	**dich**	**ihn**	**sie**	**es**
Mehrzahl	1. Fall	**wir**	**ihr**		**sie**	
	2. Fall	**unser**	**euer**		**ihrer**	
	3. Fall	**uns**	**euch**		**ihnen**	
	4. Fall	**uns**	**euch**		**sie**	

Schaut euch die folgenden Beispielsätze an und versucht, die Erklärung oben zu verstehen.
Markiert die Person oder die Sache, auf die sich das unterstrichene Personalpronomen bezieht.

*Der Vater kauft dem Sohn ein Eis. Es schmeckt **ihm** sehr.*

*Das Bild gefällt mir, **es** ist so schön bunt.*

*Wem gehört der Stift? – **Er** gehört mir.*

*Schon seit einigen Stunden brennt die Sonne auf meinen Kopf, **sie** wird Kopfschmerzen verursachen.*

Zusatz:

Findest du in der vorherigen Übung noch weitere Personalpronomen?
Markiere sie in einer anderen Farbe.

Merksatz:

Die Personalpronomen (ich, du, er/sie/es, wir, ihr, sie) sind die häufigsten und wichtigsten Pronomen. Da sie im Satz stellvertretend für ein Nomen stehen, müssen sie entsprechend der Person und dem richtigen Fall angepasst werden.

1/2

Vier Maßnahmen haben zur Verbesserung dieses Dokuments geführt: 1. der Baustein „Überschrift“ wurde deutlicher, weil größer formatiert, 2. der zuvor zu stark hervorgehobene Tabellenkopf wurde etwas dezenter gesetzt und 3. wurde durch Hinterlegung und Piktogrammeinsatz der zu einer *Aktion* aufrufende Bereich schärfer umrissen. Die 4. hinzugekommenen Orientierungshilfen stellen das Blatt in einen größeren Kontext und erleichtern so die inhaltliche Auseinandersetzung. Dass bei den vorliegenden Beispielen überdies mit Unterstreichungen gearbeitet wird, von denen in diesem Buch ja abgeraten wird, liegt an der Entscheidung des Autors, die Arbeitsbeispiele der Studierenden möglichst unüberarbeitet abzubilden, auch wenn diese mancherorts weiter verbesserbar wären.

1\. Farbcodierte Kapitel mit Text in Versalien in Regular und Bold, um Orientierung bzgl. Kapitel als auch Publikation zu geben

2 Einleitender Text in bold („Vorspann“) um den Einstieg in’s Thema zu erleichtern

3\. Zwei Überschriftshierarchien zur Verdeutlichung der inhaltlichen Struktur

4\. Fließtext, dezent und gut lesbar gesetzt

5\. Räumliche Hervorhebung des „Lexikons“ in einer extra Spalte, Überschrift unterstrichen, Stichworte condensed und bold, bedarfsweise mit kursiver Hervorhebung. Hilft beim gezielten Suchen des „Lexikons“.

6\. Bildunterschriften mit Nummerierung in Bold und Text in light. Schriftgröße kleiner als der Fließtext

7\. Arbeitsaufgaben nummeriert, mit Schwierigkeitsgraden („***“) markiert und kursiv gesetzt

8\. Seitenzahlen am Fuß der Seite

GESCHICHTE 1

RELIGION EINMAL ANDERS

Unzählige Geschichten berichten von den viel Für jede Gelegenheit gab es den passenden G Göttin: Wer einen Fluss überquerte, betete zu Die Göttin der Liebe sorgte hoffentlich für Glü Auch ein Blick in die Zukunft war mit Hilfe der Konnten die Götter wirklich alles?

1. Der Göttervater ist der oberste Gott. Er ist Herr über den Himmel und wenn er zornig ist, schickt er Blitz und Donner.

T1 UNSTERBLICHE MIT MENSCHLICHEN EIG
Die Griechen glaubten an eine große Zahl von (menschlichen (guten und schlechten) Eigensch vorstellten. Sie waren der Meinung, Götter könr sich ärgern und freuen, neidisch, eifersüchtig o Auch Hunger und Durst galten als Bedürfnisse nicht als allwissend und allmächtig, konnten je schön bleiben, fliegen oder sich in Menschen o Durch Opfergaben (Früchte und Tiere) und die vollen Tempeln glaubten die Griechen, das Verh einflussen zu können.

T2 OLYMP – WOHNSITZ DER GÖTTER
Als Wohnsitz der Götter galt der Gipfel des Berg beobachteten sie die Menschen und griffen in i sich in Kriege ein und teilten Strafen (Krankheit, Belohnungen aus.

T3 WER KANN MIR SAGEN, WAS ICH TUN SC
Oft wurden die Götter um Hilfe und Rat gefragt Pilgerstätten war das Orakel von Delphi. Prieste einer durch Dämpfe fast betäubten Priesterin, u suchenden zu beantworten. Tatsächlich erhöht durch Ratschläge, die sie als Weissagungen der

AUFGABEN

Aufgabe der	Gott/Göttin
1. Göttervater	Zeus
2. Göttermutter	Hera

①* *Schlage im Atlas nach und stelle fest, wo*
②* *Beschreibe die Eigenschaften der griechis die sie von den Menschen unterschied.* **(T**
③** *Können die Götter wirklich alles?* **(T2)**
④** *Glaubst du, dass das Orakel von Delphi w weissagen konnte?* **(T3)**
⑤** *Lies dir* **M1** *durch und betrachte die Bilder Wie viele Götter /Göttinnen sind mit ande*
⑥** *Ordne dann die hervorgehobenen Texttei der Götter zu und lege eine Tabelle in deir (siehe Beispiel links)*
⑦*** *Was unterscheidet die griechische Religio von den meisten heutigen Religionen?* **(T**

12

Die Vielzahl an Formatierungen in diesem Hauptschulbuchentwurf machen deutlich, wie komplexe inhaltlich-sprachliche Strukturen mit den Mitteln der visuellen Kommunikation sichtbar gemacht werden können.

en Göttern.
chtige

e.
ch.

sich mit
terblich
ssen,
in.
er galten
und
ndeln.
prunk-
er be-

dort aus
e mischten
oder

ste dieser
Worte
er Hilfe-
hre Macht
ten".

iegt?

2. Die Göttermutter ist gleichzeitig Schwester und Ehefrau des Zeus. Sie schützt die Ehe, ist sehr eifersüchtig und trägt einen goldenen Haarreifen.

3. Der Gott des Meeres und der Erdbeben ist ein älterer Bruder des Zeus. Mit seinem Dreizack wühlt er die Meer auf.

4. Die Göttin der Fruchtbarkeit und des Getreides lässt Pflanzen gedeihen. Sie ist eine Schwester des Zeus.

5. Der Gott der Unterwelt herrscht über das Reich der Toten. Er wird von seinem dreiköpfigen Hund Zerberus begleitet und er ist einer von Zeus Brüdern.

6. Die Göttin der Weisheit ist die Lieblinstochter des Zeus und beschützt die Stadt Athen mit Waffen.

7. Der Gott des Weines ist auch eines Sohn des Zeus und liebt ausgelassene Feste.

8. Der Kriegsgott ist ein Sohn von Zeus und Hera. Er liebt den Kampf, aber auch seine Schwester Aphrodite.

9. Die Göttin der Jagd beschützt die wilden Tiere. Die Tochter des Zeus bringt auch Geburt und Tod.

10. Der Gott der Schmiede ist Heras Sohn. Wenn er in der Glut von Vulkanen Waffen schmiedet, langweilt sich seine Frau Aphrodite und vergnügt sich mit Ares.

11. Der Gott der Musik kann Krankheiten bringen und heilen. Er ist der Zwillingsbruder der Jagdgöttin.

12. Die Göttin der Liebe betrachtet sich gerne im Spiegel und ist mit ihrem Bruder Hephaistos verheiratet.

13. Der Götterbote beschützt Reisende, Kaufleute und Diebe. Seine Schuhe haben Flügel und auch er ist ein Sohn des Zeus.

LEXIKON

Tempel <*griech.: Wohnung*> sind Bauwerke, in denen ein Bild eines Gottes/einer Göttin untergebracht war. Feierlichkeiten und Opfer fanden im Freien statt.

Opfergabe Lebensmittel und Tiere werden zum Tempel gebracht, um die Götter freundlich zu stimmen. Ob es Menschenopfer gab, ist umstritten.

Pilgerstätte Ort mit besonderer religiöser Bedeutung, zu dem die Menschen reisen

Weissagung Aussage über die Zukunft, die oft mehrdeutig ist.

M1 Jeder ist für etwas anderes zuständig

Konflikte: Wo sind sich die Experten uneins?

Ein Streitthema hinsichtlich Formatierungen läuft entlang kultureller Trennlinien. Für erfahrene Leser·innen mag ein sehr deutlicher, didaktischer Zugang schwerfällig bis infantil wirken, während im Unterricht eine poetischere Lösung zu zurückhaltend sein mag. Ein minimalistisch denkender Kollege aus dem Gestaltungsbereich meinte sogar, eine Überschrift sei dann schon genug hervorgehoben, wenn sie – ansonsten nicht vom Fließtext unterscheidbar – in einer eigenen Zeile stünde. Am anderen Ende des Spektrums bleibt die frustrierende Rückmeldung eines Verlags zu einem Schulbuchentwurf des Autors (Abb. S. 60–61) als „zu elitär für ein Hauptschulbuch" in Erinnerung. Die Gegenfrage lautet:

Wo, wenn nicht in der Schule sollen Heranwachsende lernen, die feineren Unterschiede wahrzunehmen und das Selbstvertrauen entwickeln, sich kulturelle, philosophische oder sonstige Errungenschaften aneignen zu können?

Das Thema der Formatierungen wurde in diesem Kapitel großteils unter dem Gesichtspunkt der „Hervorhebung" behandelt. Als Beispiele wurden inhaltliche Hervorhebungen und Überschriften genannt. Letztere sind Teil eines grafischen Baukastenprinzips, das für praktisch jedes visuelle Dokument gilt und im folgenden Kapitel behandelt wird.

Die Lernergebnisse dieses Kapitels

- **Sie wissen, was eine typografische Formatierung ist und wo Sie diese im Word festlegen können.**
- **Sie wissen, was „aktive" und „passive Auszeichnungen" sind.**
- **Sie wissen, dass der Spruch „Weniger ist Mehr" auch für Ihre Lerndokumente gilt.**
- **Sie wissen, dass eine Überschrift Kontrast zum Lesetext braucht.**
- **Sie wissen, dass Unterstreichungen weder unumgänglich noch sonderlich lesefreundlich sind.**

4. Welche grafischen Bausteine werden eingesetzt?

Das Wichtigste:

- **Wissen, dass es diese Bausteine gibt**
- **Die passenden Bausteine für die vorliegenden Inhalte verwenden**
- **Überschrift und Bildunterschriften im Flattersatz setzen**
- **Zitate, Überschriften und Initialen bieten Ihnen kreative Spielräume**
- **Navigationselemente einsetzen**

OSTRAKISMOS

Kleisthenes führt in 510 v. Chr. das Scherbengericht (= **Ostrakismos**) ein. Es soll verhindern, dass in der Polis Athen wieder ein Tyrann an die Macht kommt. Dafür schreibt jeder in der Volksversammlung einen Namen eines Mitbürgers, den er für politisch gefährlich hält, auf eine Scherbe. Der Bürger, dessen Name am öftesten auf den Scherben steht, wird für zehn Jahre verbannt, darf allerdings seine Besitzungen behalten.

Folgende Anekdote über das Scherbengericht erzählt der griechische Schriftsteller **Plutarch** in der Biographie des **Aristeides**. Lies dir die die Quelle aufmerksam durch und beantworte anschließend folgende Fragen!

- Was sagt die Quelle über die Umsetzung des Scherbengerichts aus?
- Wieso könnte Plutarch diese Anekdote über Aristeides ausgewählt haben? Was sagt sie über den Charakter des Aristeides aus?
- Wie könnte der letzte Satz („Die Athener möchten nie in eine Lage kommen, welche das Volk zwänge, sich des Aristeides zu erinnern.") gemeint sein?

Als damals über Aristeides abgestimmt wurde, reichte, wie man sagt, ein ganz unwissender Landmann, der nicht einmal die Buchstaben kannte, dem Aristeides, den er für einen gemeinen Bürger hielt, seine Scherbe hin und bat ihn, den Namen des Aristeides darauf zu schreiben. Dieser fragte voll Verwunderung, ob ihm denn Aristeides etwas zuleide getan hätte. "Gar nichts", antwortete jener, "ich kenne ihn nicht einmal, aber es ärgert mich, dass ich ihn überall ‚den Gerechten' genannt höre." So schrieb Aristeides, ohne ein Wort zu erwidern, seinen eigenen Namen auf die Scherbe und gab sie ihm. Als er die Stadt verließ, hob er die Hände gen Himmel und betete [...]: Die Athener möchten nie in eine Lage kommen, welche das Volk zwänge, sich des Aristeides zu erinnern.

(Plut. Arist. VII, datiert auf 483/2 v. Chr., Übersetzung: F. Kaltwasser)

Das Beispiel rechts sieht deutlich einladender aus als das linke. Dies liegt daran, dass rechts mit einem grundsätzlichen Verständnis für grafische Bausteine gearbeitet wurde. Das Bewusstsein für die Elemente „Überschrift", „Kästen", „Zwischentitel" kann in weiterer Folge verschiedenartig und kreativ für die Erstellung von Lernmaterialien eingesetzt werden.

Antikes Griechenland

Ostrakismos in Athen

Kleisthenes führt in 510 v. Chr. das Scherbengericht (= Ostrakismos) ein. Es soll verhindern, dass in der Polis Athen wieder ein Tyrann an die Macht kommt. Dafür schreibt jeder in der Volksversammlung einen Namen eines Mitbürgers, den er für politisch gefährlich hält, auf eine Scherbe. Der Bürger, dessen Name am öftesten auf den Scherben steht, wird für zehn Jahre verbannt, darf allerdings seine Besitzungen behalten.

Arbeitsaufgabe

Folgende Anekdote über das Scherbengericht erzählt der griechische Schriftsteller Plutarch in der Biographie des Aristeides. Lies dir die die Quelle aufmerksam durch und beantworte anschließend folgende Fragen in deinem Heft!

Ostakismos-Scherbe mit den Namen "Aristeides" und "Lysimacho". Fundort: Athen.

Als damals über Aristeides abgestimmt wurde, reichte, wie man sagt, ein ganz unwissender Landmann, der nicht einmal die Buchstaben kannte, dem Aristeides, den er für einen gemeinen Bürger hielt, seine Scherbe hin und bat ihn, den Namen des Aristeides darauf zu schreiben. Dieser fragte voll Verwunderung, ob ihm denn Aristeides etwas zuleide getan hätte. "Gar nichts", antwortete jener, "ich kenne ihn nicht einmal, aber es ärgert mich, dass ich ihn überall ‚den Gerechten' genannt höre." So schrieb Aristeides, ohne ein Wort zu erwidern, seinen eigenen Namen auf die Scherbe und gab sie ihm. Als er die Stadt verließ, hob er die Hände gen Himmel und betete […]: Die Athener möchten nie in eine Lage kommen, welche das Volk zwänge, sich des Aristeides zu erinnern.

(Plut. Arist. VII, datiert auf 483/2 v. Chr., Übersetzung: F. Kaltwasser)

- Was sagt die Quelle über die Umsetzung des Scherbengerichts aus?
- Wieso könnte Plutarch diese Anekdote über Aristeides ausgewählt haben?
- Was sagt sie über den Charakter des Aristeides aus?
- Wie könnte der letzte Satz (*„Die Athener möchten nie in eine Lage kommen, welche das Volk zwänge, sich des Aristeides zu erinnern."*) gemeint sein?

Kathrin J. Wankmiller/Klasse 5T

Die Objekte der gestalteten Welt geben uns meist auf den ersten Blick eine Idee davon, wie mit ihnen umzugehen ist. Sehen wir uns beispielsweise die Abbildung des Schlosses Belvedere (unten) mit der Frage im Hinterkopf an, wo bei diesem Gebäude der Eingang sein könnte, werden wir ihn natürlich in der Mitte vermuten. Wir glauben das zu wissen noch bevor wir ein Schild mit der Aufschrift „Eingang" gesehen haben. Otl Aicher schreibt, „man ist so wie man sich zeigt, und wie man sich zeigt, so ist man" (1992, 157). Eine Wespe ist demnach nicht nur wehrhaft, sie sieht auch so aus. Dieses Phänomen des „Angebotscharakters", im Englischen „Affordance" genannt, kann unseren Umgang mit Objekten des Alltags vereinfachen oder Probleme schaffen (Norman, 1988, 9–11). Schwierigkeiten bekommen wir nämlich dann, wenn der Eingang zum Schloss eben nicht dort ist, wo es das Gebäude kommuniziert. Der Eingang zu den Schauräumen der Innsbrucker Hofburg liegt z. B. tatsächlich in einer Seitengasse, was immer wieder zur Verwirrung der Museumsbesucher beiträgt.

Kernaspekte

Die Vielzahl der im Kapitel 3 besprochenen Formatierungsmöglichkeiten weisen die Richtung zu einer Reihe von typografischen Bausteinen, die einer Art visueller Grammatik vergleichbar ist (u. a. Moser, 2002). Je nach Ausformung dieser Bausteine entstehen grafische Genres, die sich auf den ersten Blick zuordnen lassen. Die inhaltliche Ausrichtung einer Zeitung erkennt man unmittelbar an der typografischen Formatierung ihrer Überschriften. Bold, condensed, sehr groß steht beispielsweise für „Boulevard". Verglichen mit der dezenteren Formatierung eines Qualitätsblatts ergeben sich große Unterschiede, der Baustein an sich bleibt jedoch derselbe: „Überschrift".

Rechts: Den Eingang zum Schloss Belvedere darf man zurecht in der Mitte vermuten, obwohl kein Schild mit „Eingang" zu sehen ist.

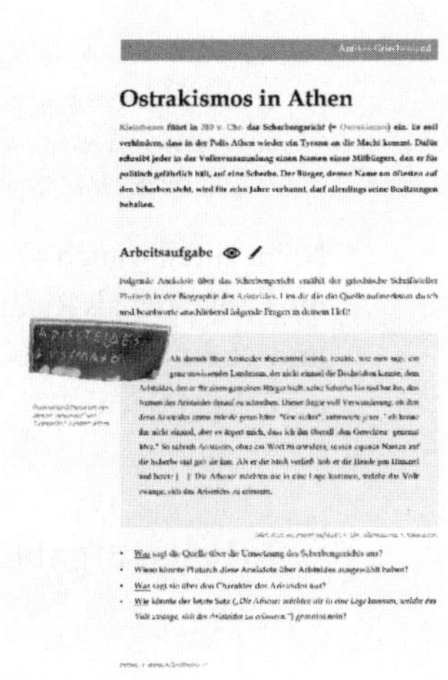
Antikes Griechenland

Ostrakismos in Athen

Kleisthenes führt in 510 v. Chr. das Scherbengericht (= Ostrakismos) ein. Es soll verhindern, dass in der Polis Athen wieder ein Tyrann an die Macht kommt. Dafür schreibt jeder in der Volksversammlung einen Namen eines Mitbürgers, den er für politisch gefährlich hält, auf eine Scherbe. Der Bürger, dessen Name am öftesten auf den Scherben steht, wird für zehn Jahre verbannt, darf allerdings seine Besitzungen behalten.

Arbeitsaufgabe

Folgende Anekdote über das Scherbengericht erzählt der griechische Schriftsteller Plutarch in der Biographie des Aristides. Lies dir die Quelle aufmerksam durch und beantworte anschließend folgende Fragen in deinem Heft!

- Was sagt die Quelle über die Umsetzung des Scherbengerichts aus?
- Wieso könnte Plutarch diese Anekdote über Aristeides ausgewählt haben?
- Was sagt sie über den Charakter des Aristeides aus?
- Wie könnte der letzte Satz („Die Athener möchten sie in eine Lage kommen, welche das Volk zwänge, sich des Aristeides zu erinnern.“) gemeint sein?

Schlüsseldefinitionen

Der Baustein „Überschrift“ ist einerseits wohlbekannt, andererseits nur *ein* Teil einer ganzen Gruppe von Elementen. Diese eröffnen dann neue Spielräume für die Gestaltung von Lernmaterialien, wenn man sie 1. kennt und benennen kann und 2. deren Rolle im Gesamtgefüge des Dokuments versteht.

Überschrift

Ostrakismos in Athen

Die Überschrift strukturiert den Inhalt und hebt sich deutlich vom Fließtext ab. Sie kann im Wortlaut spannend oder kreativ sein. Zudem bietet sie Räume, das Gesagte typografisch zu interpretieren und z. B. durch den Einsatz von Farben Spaß damit zu haben.

Vorspann

Kleisthenes führt in 510 v. Chr. das Scherbengericht (= Ostrakismos) ein. verhindern, dass in der Polis Athen wieder ein Tyrann an die Macht komm schreibt jeder in der Volksversammlung einen Namen eines Mitbürgers, de politisch gefährlich hält, auf eine Scherbe. Der Bürger, dessen Name am öfte den Scherben steht, wird für zehn Jahre verbannt, darf allerdings seine Besi

Ein mehrzeiliger Text, der das in der Überschrift benannte Thema ausführlicher erklärt. Größer oder fetter als der Fließtext, aber deutlich der Überschrift untergeordnet.

Lese- oder Fließtext

Folgende Anekdote über das Scherbengericht erzählt der griechische Schr
Plutarch in der Biographie des Aristeides. Lies dir die die Quelle aufmerksa
und beantworte anschließend folgende Fragen in deinem Heft!

Nicht zufällig auch als „Brotschrift" bezeichnet: Hier gilt es, die *Lesbarkeit* als Richtschnur zu sehen und die in Kapitel 1 und 2 besprochenen Kriterien guter Lesetypografie zu berücksichtigen.

Zwischentitel

Arbeitsaufgabe

Strukturiert längere Fließtextstellen und fasst den Inhalt der folgenden Absätze zusammen. Steht *in* der Textspalte, meist innerhalb eines Leerraums in der Höhe von 3 bis 5 Zeilen.

Quotes/Zitate

„Wer diese Bausteine kennt, wird sie gerne und bewusst nutzen"

Ein Baustein aus dem Magazindesign: anders als der Zwischentitel bezieht sich das Zitat inhaltlich nicht auf einen einzelnen Absatz, sondern schafft Atmosphäre für die gesamte (Doppel)Seite.

Initiale

Ein strukturgebendes Element, das seine Karriere in der mittelalterlichen Buchmalerei gestartet hatte und auch heute noch der kreativen Sichtbarmachung eines Textbeginns dient. In Lern-Dokumenten praktisch nie im Einsatz wäre zu hinterfragen, ob dieser Baustein eine …

Ein strukturgebendes Element, das auf die mittelalterliche Buchmalerei zurück geht. Auch heute noch dient sie der kreativen Sichtbarmachung eines Textbeginns. In Lern-Dokumenten ist sie praktisch nie im Einsatz. Trotzdem ist dieser Baustein als kreative Ergänzung für längeren Texte im Lernumfeld vorstellbar.

Navigationselemente

Antikes Griechenland

Bei Lerndokumenten ein häufig übersehener Baustein. Auskünfte wie Seitenzahlen, Name der Lehrperson, Monat der Erstellung und Kapitelnamen schaffen eine Orientierungshilfe und kommen dem Bedürfnis der Lernenden nach Kontext entgegen. Man positioniert sie meist am oberen oder unteren Seitenrand.

Bildunterschriften

Ostakismos-Scherbe mit den Namen "Aristeides" und "Lysimacho". Fundort: Athen.

An erster Stelle werden bei einem Dokument Überschriften und Bildunterschriften gelesen. Insofern ist es beachtlich, dass von diesem Baustein im Kontext von Lernmaterialien kaum Gebrauch gemacht wird. Zu beachten ist, dass das im Bild Offensichtliche nicht abermals beschrieben wird. Also statt „Eichhörnchen auf dem Baum" besser „Die tagaktiven Eichhörnchen ernähren sich überwiegend von Nüssen und Früchten, seltener auch von Insekten".

Wo die häufigsten Probleme auftreten

Die vielfältigen Möglichkeiten der besprochenen grafischen Bausteine sind Lehrpersonen meist nicht bewusst. Einige werden daher kaum eingesetzt. Schlechterdings kommt es vor, dass für einen vorliegenden Inhalt der falsche Baustein gewählt wird. Am Beispiel „Bürgerrechtsbewegung in den USA" (→S. 101) wird deutlich, wie die inhaltliche Reorganisation einiger Bausteine wie Überschrift, Navigationselement und Bildunterschrift zu verbesserter Lesbarkeit und einfacherem Verständnis des Dokuments beiträgt.

Empfehlungen für die Praxis

- Analyse des Inhalts: Mit dem Wissen um die besprochenen grafischen Bausteine kann man die inhaltliche *Struktur* von Lerndokumenten analysieren. Dabei ergeben sich möglicherweise Ideen für ein freundlicheres Lernumfeld. Möchten Sie in der Überschrift ein Wortspiel einbauen? Möchten Sie zwischen Überschrift und Haupttext eine Einleitung in Form eines Vorspanns schaffen? Setzen Sie überhaupt Bilder ein und wenn ja, welche Geschichte möchten Sie dazu erzählen?
- Insbesondere aus der Perspektive dieses Kapitels relativiert sich die Frage nach der Relevanz der „neuen Medien" im Unterrichtskontext. Da *alle* visuellen Kanäle nach diesem Muster analysiert werden können, ist weniger die technische Plattform als die Frage nach den richtigen Bausteinen ausschlaggebend.

Unten: Auch die Linien der Lückentexte sind ein grafischer Baustein, der die Verwendung eines Blatts erklärt, noch bevor der Text gelesen wird: „Hier musst du etwas ausfüllen". Die Länge der Formularfelder sollte entweder die Länge des auszufüllenden Wortes vorwegnehmen oder noch besser konstant sein. In diesem Beispiel ist problematischerweise ein langes Feld für ein kurzes Wort und ein kurzes Feld für ein langes Wort vorgesehen.

Konflikte: Wo sind sich die Experten uneins?

Die hier vorgestellten Bausteine werden in der Fachwelt ganz selbstverständlich eingesetzt.

Big business – always a bad thing?

Environmentalists and other (0) *activists* **(act)** regularly criticize global businesses such as Nike an
saying that by their actions they condemn billions of people in the developing world to poverty ar
They are accused of (1) exploitation ________ **(exploit)** of the worst kind, and when they try
themselves, no one listens. But the (2) ____________________ **(real)** is that if poor countries v
develop, then they must trade. Trade will drive (3) ____________________ **(economy)** develc
far more (4) ____________________ **(effect)** than aid and debt relief ever could.
While not all big businesses have behaved perfectly at all times, most multinationals pay their
(5) workers ____________________ **(work)** a higher than average rate of pay and have better
(6) ____________________ **(safe)** standards than local companies. This then sets an exampl
those local companies to follow.
Further (7) ____________________ **(improve)** would be achievable if governments in deve
countries (8) ____________________ **(strength)** their regulations and worked to reduce
(9) ____________________ **(corrupt)**, which is a huge barrier to progress. Consumers als
role to play – they can encourage firms to behave better by only buying goods which reflect their
(10) ____________________ **(ethic)** concerns.

Die Lernergebnisse dieses Kapitels

- Sie können die verschiedenartigen grafischen Bausteine benennen und wissen, dass diese in unterschiedlichster Ausprägung in Erscheinung treten können.
- Sie verstehen, wie Ihnen das Wissen um diese Bausteine Anregungen zu interessanten Lerndokumenten geben kann.
- Sie wissen, warum Überschrift und Vorspann häufig als Paar auftreten, mit klar verteilten und sich ergänzenden Rollen.
- Sie wissen, dass eine Bildunterschrift nicht das Offensichtliche beschreiben soll.
- Sie wissen, welcher Baustein neben der Überschrift die Atmosphäre einer ganzen Seite prägen kann.

5. Werden Lerninhalte auch grafisch sichtbar gemacht?

Das Wichtigste:

- **Bezugssysteme konstant halten**
- **Piktogramme einsetzen**
- **Auf Lesbarkeit der Beschriftungen achten**
- **Informationsgrafiken nicht mit Dekoration verwechseln**

Was passiert, wenn man zu einer Glühlampe eine zweite in Reihe schaltet?

1. Teil: Verständnis der Reihenschaltung

-Baue den Versuch nach Abb.1 auf, lege eine Gleichspannung von 4V an und merk dir die Helligkeit der Lampe.

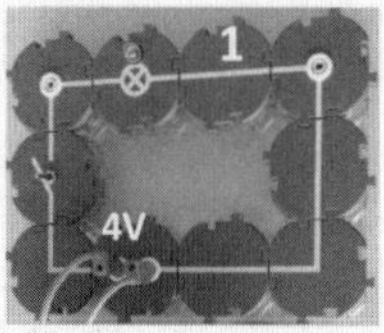

Frage 1:Ändert sich die Helligkeit der Lampe falls man statt des Leitungsbausteins 1 in Abb.1 eine zweite Lampe einsetzt? Begründe deine Vermutung.

Abb.1

___

___

___

___

___

Überprüfe deine Vermutung und beantworte anschließend Frage 2.

Frage 2: Was beobachtest du bei beiden Lampen? Wie kannst du dir diese Beobachtung erklären?

___

___

___

___

___

2.Teil: Verständnis der Reihenschaltung durch Widerstände.

-Verwende nun statt den beiden Lampen die Widerstände 100Ω und 50Ω und baue die Schaltung aus Abb.2 auf. Verwende dabei 10V Gleichspannung.

Frage 3:Was vermutest du welche Aussage stimmt? Kreuze an.

☐ $I_1=I_2=I_3$ ☐ $I_1>I_2>I_3$ ☐ $I_1<I_2<I_3$

Begründe deine Antwort.

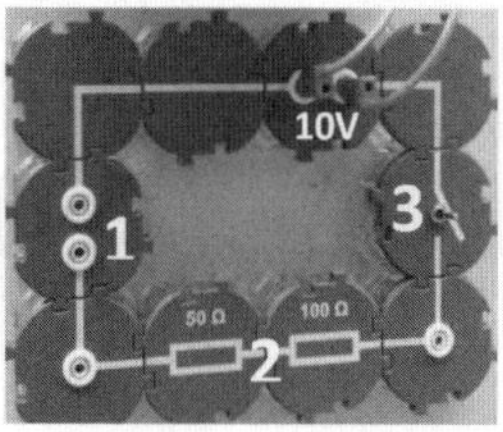

Abb.2

___

___

___

___

Überprüfe deine Vermutung. Messe dabei erst den Strom am Leitungsbaustein 1 und notiere den Messwert I_1, setze diesen Baustein dann zwischen den beiden Widerständen(2) ein messe wieder den Strom I_2 und notiere ihn dir und setze abschließend denselben Leitungsbaustein vor den Widerständen ein(3) und notiere dein Messergebniss I_3.

I_1=__________A I_2=__________A I_3=__________A

Im Arbeitsblatt links wurde ein Foto zur Illustration des Sachverhalts verwendet. Der Bildinhalt ändert zwischen oberem und unterem Bild jedoch die Größe, Perspektive und Ausrichtung der Elemente. Die Darstellung der zylindrischen Elemente ist zudem auf den ersten Blick schwer zu entschlüsseln. Die Version rechts schafft mit reduzierteren grafischen Mitteln mehr Klarheit.

Was passiert, wenn man zu einer Glühlampe eine zweite in Reihe schaltet?

1. Teil: Verständnis der Reihenschaltung

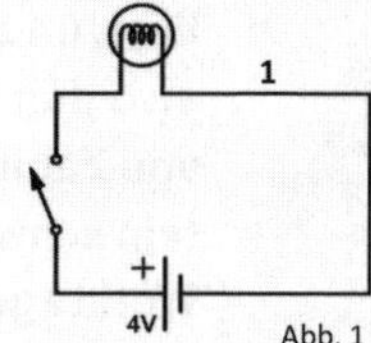

Abb. 1

Baue die Schaltung aus Abb. 1 auf, lege eine Gleichspannung von 4V an und merke dir die Helligkeit der Lampe.

Frage 1: *Stelle eine Vermutung auf: Ändert sich die Helligkeit der Lampe falls man statt des Leistungsbausteins 1 in Abb. 1 eine zweite Lampe einsetzt? Begründe deine Vermutung.*

Überprüfe nun deine Vermutung.

Frage 2: *Was beobachtest du bei beiden Lampen? Wie kannst du dir diese Beobachtung erklären?*

2. Teil: Verständnis der Reihenschaltung durch Widerstände

Verwende nun statt den beiden Lampen die Widerstände 100Ω und 50 Ω und baue die Schaltung aus Abb. 2 auf.

Verwende dabei 10V Gleichspannung.

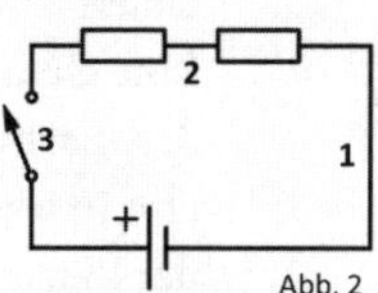

Abb. 2

Klasse 2a / Arbeitsblatt
Physik / Elektrizität

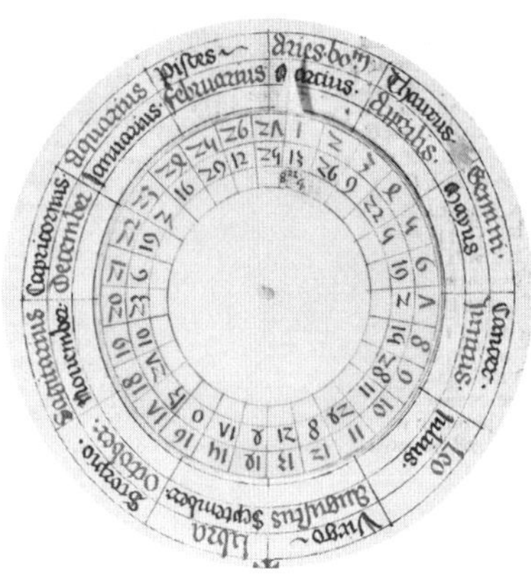

Die Tierkreiszeichen werden in der obigen Darstellung mit diagrammatischen Mitteln, inklusive einer beweglichen Drehscheibe, kommuniziert. Der Bildausschnitt entstammt einer astronomischen Sammelhandschrift aus dem 15. Jahrhundert.

In einer Deutsch-Klasse während meiner Zeit als Unterstufenschüler in den 1980er-Jahren, verblüffte uns unsere Lehrerin mit der Ansage, wir müssten in ihrer Klasse lernen, wie man einen Busfahrplan richtig liest. Im Zuge der folgenden Stunde befassten wir uns also damit, der komplexen tabellarischen Anordung von Zahlen und Symbolen Bedeutung abzuringen (ein schwarzes Quadrat hieß da etwa, „Bus fährt nur an Werktagen, außer Samstag, nicht jedoch an schulfreien Tagen"). Über ein Jahrzehnt später während der Recherche zu meiner Diplomarbeit an der University of Reading verstand ich, dass viele Menschen nicht Karten lesen können und diese Fertigkeit deshalb an Schulen unterrichtet werden sollte (Blades & Spencer, 1987). Die bereits besprochenen vielseitigen Möglichkeiten der Anordnung und Formatierung von Schrift, Bild und Schema haben zu kulturellen Konventionen wie Tabellen und Landkarten geführt. Diese sind einerseits hilfreich, andererseits jedoch nicht für jede·n Leser·in problemlos entschlüsselbar.

Kernaspekte

Im Alltag trifft man auf vielerlei informationsgrafische Hilfsmittel: Bildhafte Prozessdarstellungen wie Ikea-Bauanleitungen, Balken- und Tortendiagramme, die Wahlergebnisse oder wirtschaftliche Entwicklungen verdeutlichen sollen. Hinzu kommen Tabellen im Sport, Landkarten am Navi und die Sichtbarmachung einer Vielzahl an statistischen Daten, zuletzt insbesondere aus dem Gesundheitsbereich. Eine Gemeinsamkeit all dieser Visualisierungen liegt darin, dass Sachverhalte zueinander in Beziehung gesetzt werden, also in irgendeiner Form vergleichbar gemacht werden. Bei der Bauanleitung die Arbeitsschritte, bei Diagrammen die Zahlenwerte, bei Sporttabellen die Anzahl der Punkte und bei Landkarten die geografische Verortung der dargestellten Elemente usw. Möglich wird dieser Vergleich erst durch ein konstantes grafisches Bezugssystem. Wie beim Thema Formatierungen liegt der Schlüssel für die Anwender·in auch hier im konsequenten Einsatz der verwendeten Elemente. Wird der Regalboden des Ikea-Regals in Schritt 1 kleiner als in Schritt 3 dargestellt, sorgt dies für Verwechslungen. Nicht vergleichbare Größenverhältnisse bei Balkendiagrammen würden ins Chaos führen und ein wechselnder Maßstab auf einer Landkarte hätte bestenfalls humoristischen Wert.

Schlüsseldefinitionen

Der Duden definiert ein Diagramm als „Grafische Darstellung von Größenverhältnissen bzw. Zahlenwerten in anschaulicher, leicht überblickbarer Form“ (Duden, 2020). Die folgenden Begriffsklärungen gehen etwas tiefer und leisten Unterstützung sobald man in Word selbst einfache Grafiken erstellen will. Auch für den Einsatz von vorgefertigten Grafiken aus dem Internet gilt es, die folgenden Themen zu beachten.

Balkendiagramme, Tortendiagramme und Liniendiagramme

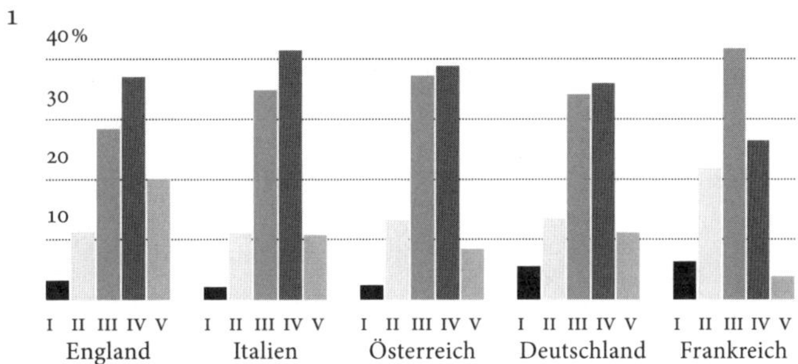

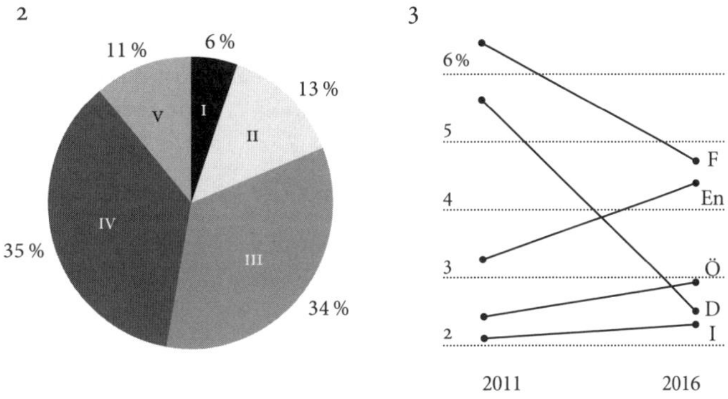

Lesekompetenzstufen:
■ I ■ II ■ III ■ IV ■ V

Die in 1 dargestellten Werte zeigen den prozentualen Anteil der Schülerinnen und Schüler, die 2016 genau in die Lesekompetenzstufen von I–V fielen (Beispiele: Hußmann et al., 2017, 128). 2. zeigt die prozentuale Verteilung dieser vier Stufen innerhalb Deutschlands. 3. zeigt die Entwicklung der Werte für die niedrigste Stufe von 2011 auf 2016. Obwohl alle Diagrammarten Quantitäten vergleichbar machen, eignet sich 1 besonders für den Vergleich der Werte mehrerer Länder. 2 ist eine Konvention, um Relationen zum Gesamten anschaulich zu machen und 3. ist eine Konvention insbesondere zur Darstellung zeitlicher Zusammenhänge.

Zeitachsen

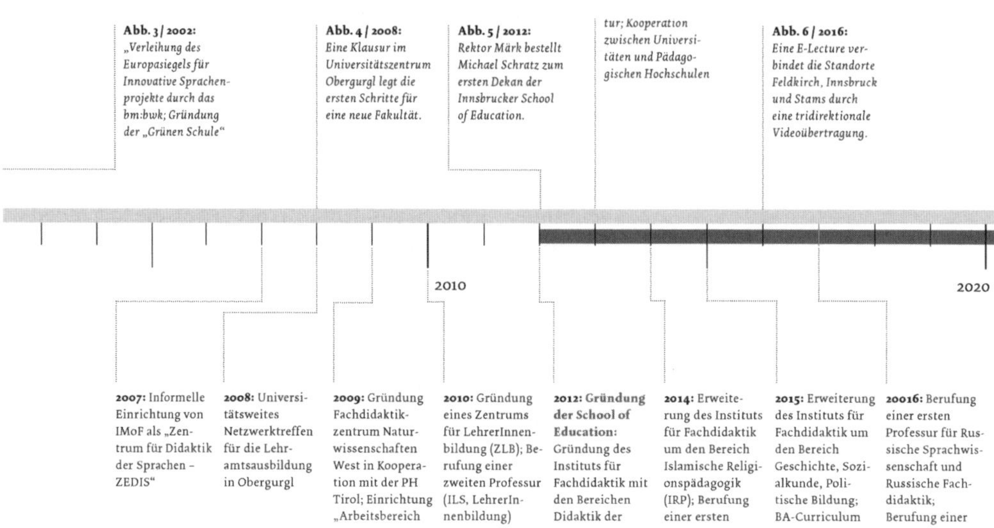

Die Linearität der Zeit wird zum Anordnungsprinzip. Die zeitliche Ausdehnung folgt zumeist der Leserichtung von links nach rechts oder von oben nach unten.

Karten

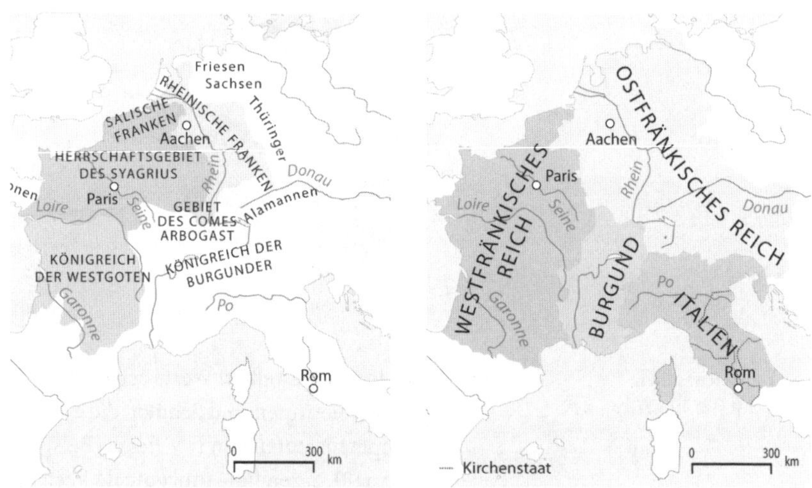

Es gibt topografische und thematische Karten. Letztere zeigen Informationselemente, deren Ziel nicht ausschließlich in der Sichtbarmachung der Erdoberfläche zur Orientierung im Gelände liegt (u. a. Hodgkiss, 1970). Vielmehr werden hier bestimmte Themen visualisiert und auf der Karte angeordnet.

Piktogramme

„Stilisierte Darstellung von etwas, die eine bestimmte Information, Orientierungshilfe vermittelt (z. B. Wegweiser in Flughäfen, Bahnhöfen o. Ä.)" (Duden, 2020).

„5-Hat-Racks"

Fünf universell einsetzbare Sortierungskriterien für Daten. Die Liste der Personen in einer Schulklasse kann demnach wie folgt strukturiert werden: 1. Zeitlich (wer wurde wann geboren); 2. Örtlich (wer sitzt wo in der Klasse); 3. Alphabetisch (nach Vor- oder Nachnamen); 4. nach Kontinuum (Notenschnitt, Körpergröße); 5. nach Kategorie (männlich/weiblich; Vorzugsschüler; verhaltensauffällig/angepasst etc.). [1]

Otto Neurath und „Isotype"

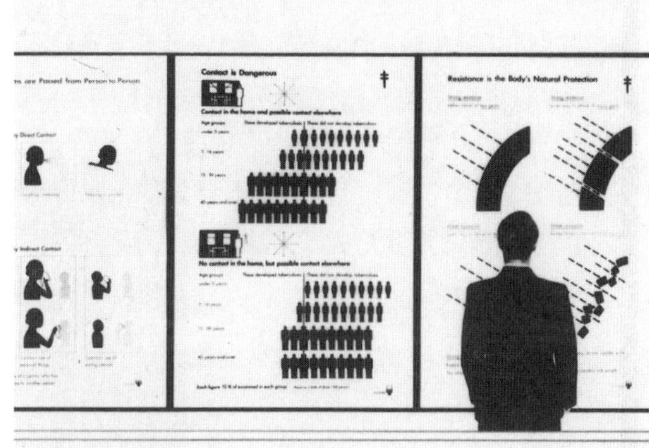

Oben: Fotomontage eines Ausstellungsentwurfs (Ausschnitt), 1939.
Umseitig: Doppelseite aus *Modern Man in the Making.* 1939. 273 × 220 mm.

Otto Neurath (1882–1945) war ein österreichischer Ökonom, Mathematiker, Historiker und Philosoph. Während seiner Leitung des „Gesellschafts- und Wirtschaftsmuseum Wien" in der Zwischenkriegszeit entstand die „Wiener Methode der Bildstatistik", mit der er einen bildpädagogischen Ansatz zur Wissensvermittlung verfolgte. Dieses später als „Isotype" (International System of typographic picture education) bezeichnete Prinzip ist eine der Grundlagen des heutigen Informationsdesign. Für die grafische Umsetzung arbeitete Neurath mit dem deutschen Grafiker Gerd Arntz (1900–1988) und seiner späteren Frau Marie Neurath, geb. Reidemeister (1898–1986) zusammen.

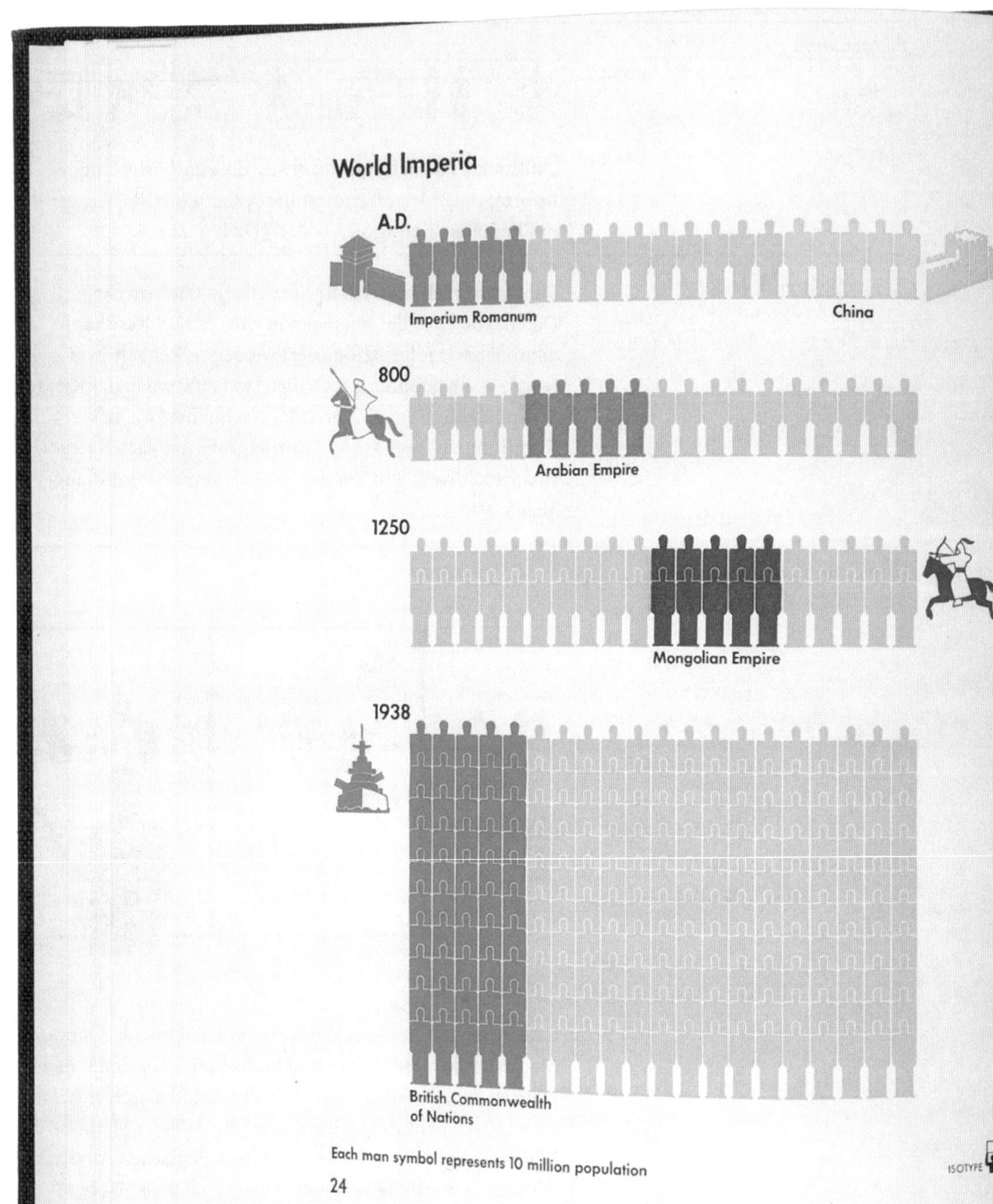
World Imperia
A.D.
Imperium Romanum
China
800
Arabian Empire
1250
Mongolian Empire
1938
British Commonwealth
of Nations
Each man symbol represents 10 million population
24
ISOTYPE

The Imperium Romanum, the predecessor of the British Commonwealth of Nations, the characteristic world imperium of our times, was of a different structure. Like the Chinese Empire, it may be regarded as a gigantic fortification with walls and towers.

The Roman and Chinese Empires

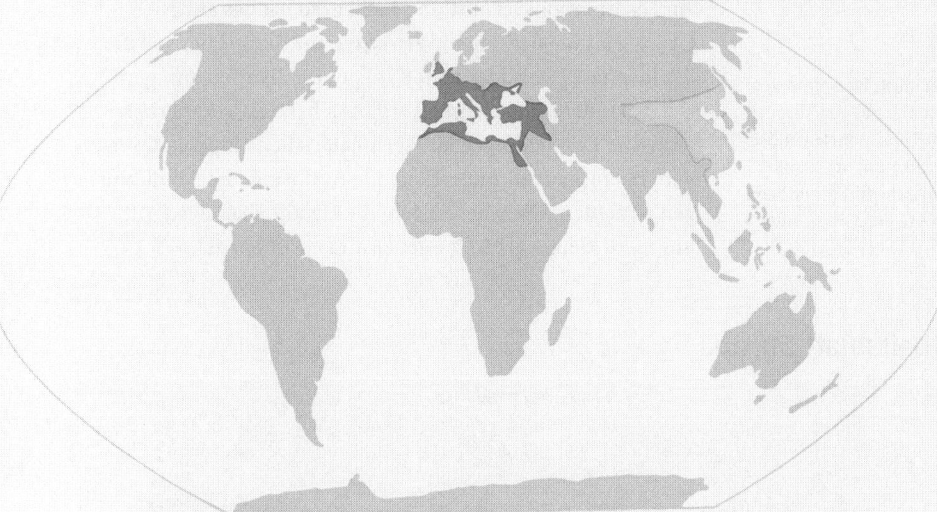

These empires were brought into contact with each other by trade in Chinese silk and Roman metal, glass, dyestuffs, and drugs.

The Silk Roads between the Ancient Roman and Chinese Empires

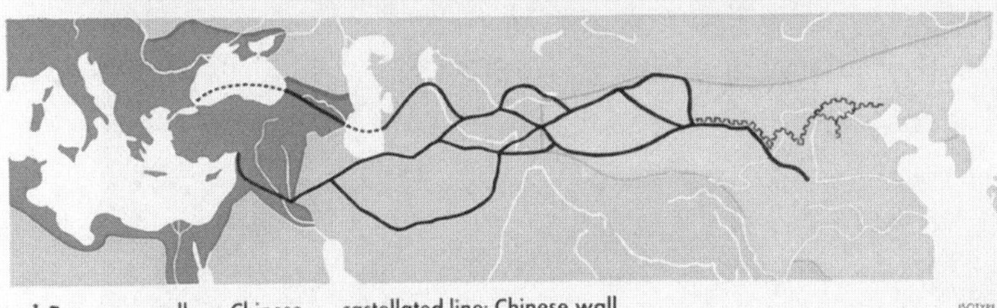

red: Roman   yellow: Chinese   castellated line: Chinese wall

ISOTYPE

25

Wo die häufigsten Probleme auftreten

Wer Sachverhalte inhaltlich vergleichbar machen will, muss sie auch grafisch vergleichbar machen. Möchte man die Ausdehnung des Frankenreichs (Abb. S. 80) über 300 Jahre darstellen, so darf sich nicht von Abbildung zu Abbildung der Maßstab der Karte ändern.

Ein verbreitetes Problem liegt weiters in der Verlockung, eine Informationsgrafik mit einem Kunstwerk zu verwechseln. Wenn beispielsweise Magazine einen illustrativen Zugang zur Informationsvermittlung suchen, so hat das andere Gründe als die der reinen Wissensvermittlung. Hier soll die Atmosphäre der Bilder zum Kauf der Publikation anregen. Ein besonderes Problemfeld ergibt sich, wenn *vorgefertigte* grafische Darstellungen auf Lernmaterialien eingesetzt werden. Hier ist auf eine ausreichende Auflösung der Abbildungen zu achten. Überdies besteht die Gefahr, dass Beschriftungen zu klein, verpixelt oder kontrastarm werden.

Unten: Dieses Arbeitblatt ist zwar wegen der kartografischen Darstellung Europas reizvoll anzusehen. Gleichsam leidet die Lesbarkeit der Beschriftung stark unter der zu hell gewählten Beschriftung. Die Nummerierungen der Orte und Grenzlinien sind praktisch unlesbar geworden.

Arbeitsblatt Europa

Aufgabe 1: Extrempunkte in Europa

In der Karte sind verschiedene Rekorde von Europa mit den Zahlen **1 -10** eingezeichnet. Im Wortkasten sind die passenden Lösungen eingetragen. Mithilfe des Atlas kannst du nun herausfinden, welche Zahl zu welchem Wort gehört. Ordne den Wörtern die passende Zahl zu und

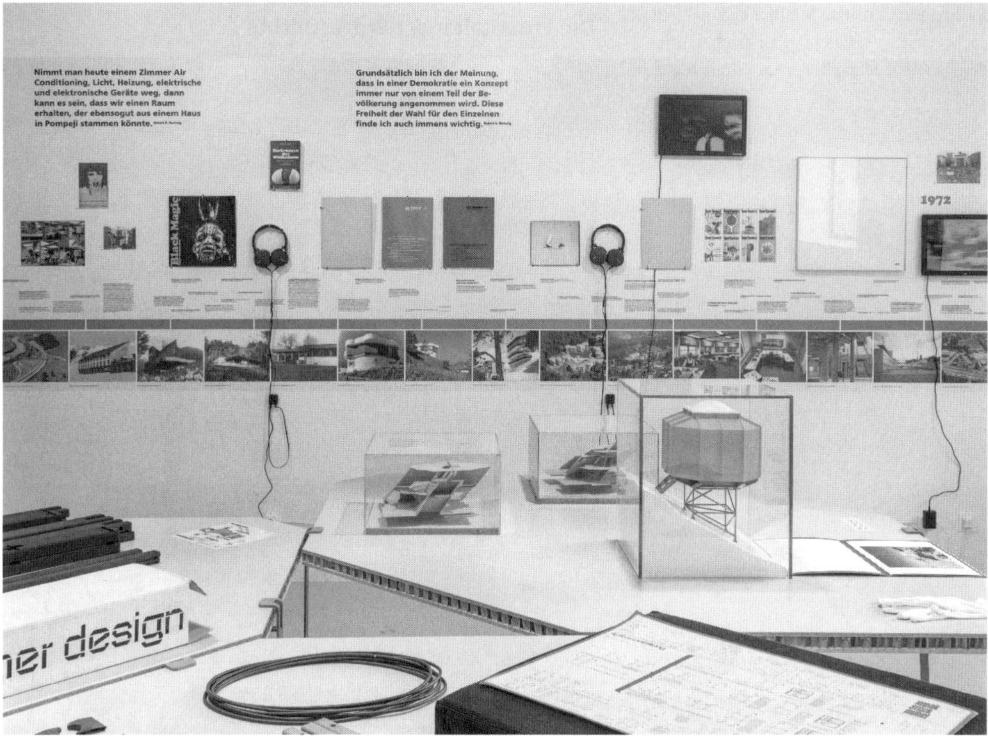

Oben: Verschiedene Inhalte bieten sich für verschiedene grafische Umsetzungen an, die auch überraschend sein können: Eine zeitliche Abfolge lässt sich nicht nur als Liste mit Jahreszahlen darstellen, sondern auch wie in dieser Ausstellung in Form einer linear von links nach rechts verlaufenden Zeitachse.

Empfehlungen für die Praxis

- Bedenken Sie, dass viele Themen auch mit dem einfachen Mittel der Tabelle darstellbar sind.
- Wählen Sie das für Ihren Inhalt am besten geeignete Grafik-Modell. Eine grobe Zuordnung zu den bereits vorgestellten Elementen könnte so aussehen:
  Eine, oder mehrere Quantitäten, auch in fließender zeitlicher Abfolge, können mit Linien- oder Balkendiagrammen dargestellt werden. Auch Tortendiagramme eignen sich, insbesondere um einen Bezug zum Ganzen deutlich machen.
  Zeitliche Sachverhalte werden über eine meist horizontal, in Leserichtung ausgerichtete Zeitachse dargestellt. Beachten Sie, dass auch eine vertikal angeordnete, mit Jahreszahlen versehene Liste bereits die Züge einer Zeitachse haben kann.
- Setzen Sie den Vordergrund-Hintergrund-Kontrast richtig ein. Ein handwerkliches Geheimnis aus der Kartografie lautet, dass die Elemente des Hintergrunds zueinander *wenig* Kontrast haben sollen, während vom Vordergrund zum Hintergrund mit *hohem Kontrast*

Rechts: Eine kreative Möglichkeit, zeitliche Sachverhalte vergleichbar zu machen mit der visuellen Metapher eines Ziffernblatts.

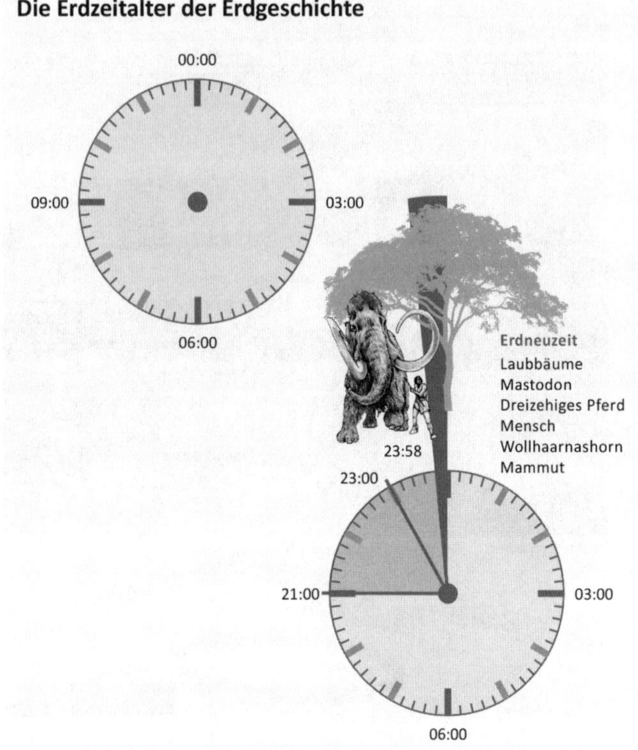

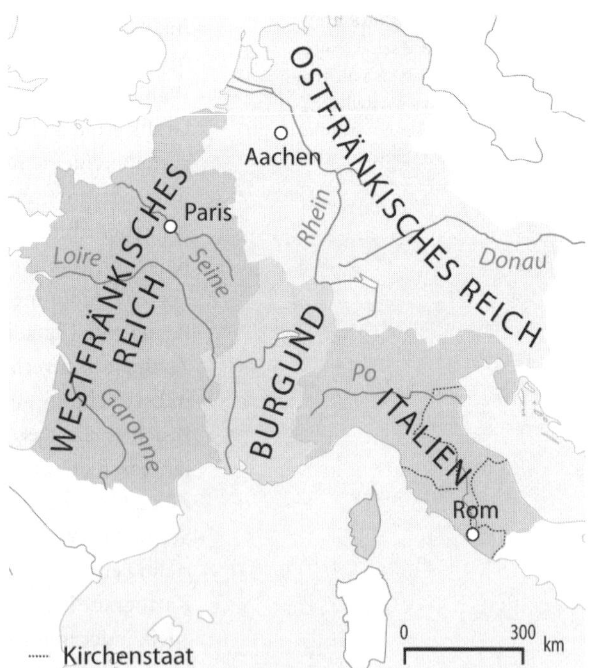

Rechts: Guter Einsatz des Vordergrund-Hintergrund-Kontrastes: Die Flächen der Länder, Flüsse und Gewässer haben zueinander wenig Kontrast und ergeben gemeinsam einen homogenen Hintergrund. Die Beschriftung im Vordergrund steht durch die dunkle Farbwahl in deutlichem Kontrast zum Hintergrund.

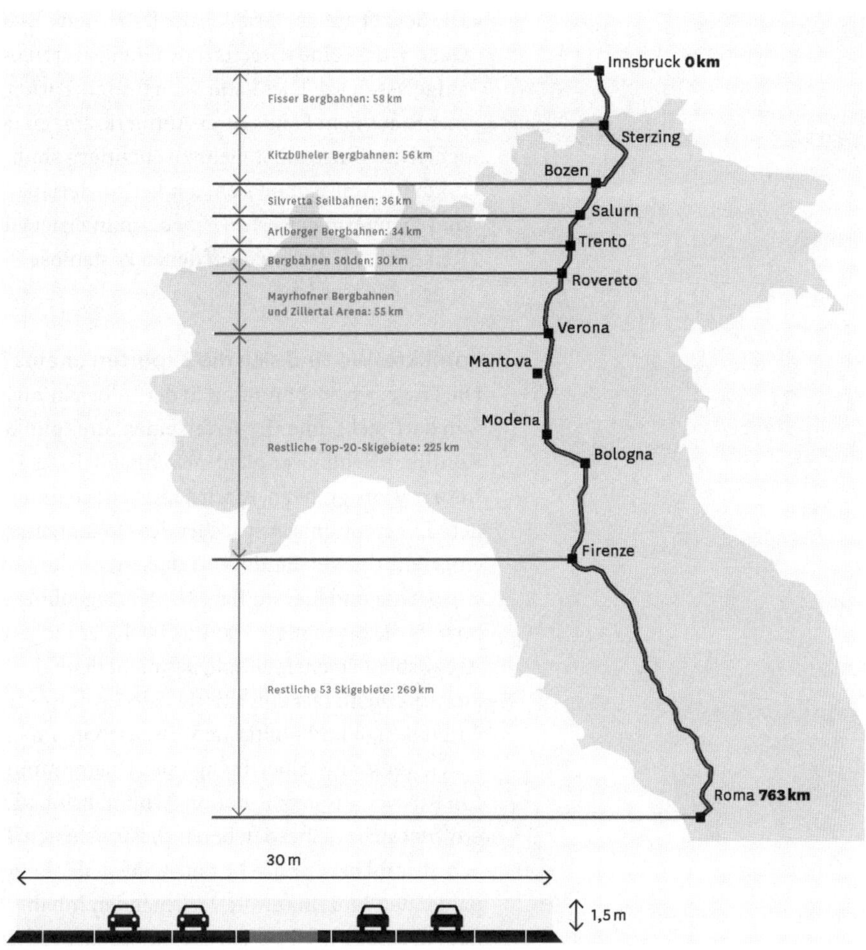

Oben: Visualisierung der Menge an künstlich produziertem Schnee für Tiroler Wintersportregionen.

gearbeitet werden soll (Barker et al., 1986). Auf der Karte auf S. 80 haben etwa die Flüsse, der Kontinent, die Flächen des Reichs und Meere ähnlich helle Farbtöne, während Beschriftungen wie „Westfränkisches Reich", „Rom" etc. in schwarz gesetzt sind. Letzteres erzeugt einen hohen Lesekontrast zu den miteinander harmonierenden Hintergrundfarben.

- Eine Chance, *Emotion* in Grafiken zu bringen ist das Narrativ: Hier hilft die Frage „Was ist und was könnte sein?". Mit der Menge Wasser, die jährlich in Tirol für die künstliche Beschneiung von Schipisten freigegeben wird, könnte man die Autobahn von Innsbruck bis Rom auf vier Spuren 1,5 Meter hoch beschneien. So lautete beispielsweise ein Was-Ist-Was-könnte-Sein-Vergleich aus dem Buch „Vermessungen" (Ritter et al., 2014).

- Die Schrift auf der Grafik *muss* lesbar sein. Es besteht die Gefahr, dass eine vorgefertigte Grafik als reines Bildelement aufgefasst wird. Dies kann dazu führen, dass Schriftelemente aus dem Fokus Ihrer Aufmerksamkeit geraten und schlechterdings nicht mehr zu entziffern sind.
- Piktogramme eignen sich, um Lernmaterialien Struktur und Erinnerungswert zu geben. Im Internet gibt es eine Reihe von Plattformen auf denen kostenlose Piktogramme angeboten werden[2].

Konflikte: Wo sind sich die Experten uneins?

Die Frage, wie viel Emotion in der Informationsvermittlung sein darf, stellt unter Experten einen Streitpunkt dar. Der Konflikt betrifft zwar nicht ausschließlich das Feld der Informationsgrafiken, er wird hier jedoch besonders deutlich. Ein emotional ansprechendes Dokument fördert zwar einerseits das Verständnis für dessen Inhalte (Adams, van Gorp, 2012 und hier im Kap. 8). Demgegenüber steht andererseits die berechtigte Haltung nach der nichts auf dem Arbeitsblatt erscheinen soll, das nicht dem *Verständniszuwachs* dient. Der emeritierte Yale-Professor für Statistik, Grafikdesign und politische Wissenschaft, Edward Tufte, bezeichnete alles Überflüssige als „Diagrammmüll".
Ein Ausweg aus dem Emotion-Minimalismus-Dilemma eröffnet sich wie bei den bereits besprochenen Themen Schriftwahl bzw. grafische Bausteine in der Frage nach den passenden Mitteln für die vorliegenden Inhalte. Sprich: ist das *passende* Mittel für ein emotional ansprechendes Arbeitsblatt wirklich eine 3-d-Grafik? Würde dem Ansinnen nach Freundlichkeit auch dann genüge getan, wenn die Grafik zweidimensional schlicht bliebe und das Blatt dafür eine farbige Überschrift (womöglich auch in 3-d) bekäme?

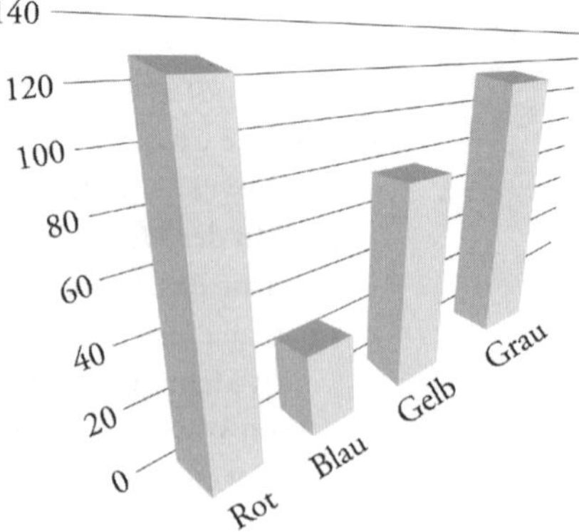

Rechts: Wer mit Grafiken klar kommunizieren will, soll keine Druckfarbe für Dinge verwenden, die nichts mit den Daten zu tun haben, so der Informationswissenschaftler Edward Tufte (2001, 93–96). Die Grafik rechts ist diesbezüglich in mehrerlei Hinsicht problematisch: Die dreidimensionale Darstellung ist für den Vergleich der Zahlenwerte 1. überflüssig und 2. bedingt die perspektivische Verzerrung, dass vergleichbare Werte nunmehr verschieden groß erscheinen.

Die Lernergebnisse dieses Kapitels

- **Sie können die wichtigsten Diagrammarten benennen.**
- **Sie wissen, welches Diagramm sich für welche Daten besonders gut eignet.**
- **Sie wissen, warum der Vordergrund-Hintergrund-Kontrast für die Lesbarkeit von Grafiken wichtig ist.**
- **Sie haben Otto Neuraths Arbeit und Isotype kennengelernt.**

6. Sind die Elemente sinnvoll angeordnet?

Das Wichtigste:

- **Nicht zu viele Elemente auf der Seite**
- **Achsen konsistent halten**
- **Weißraum lassen**
- **Navigationselemente verwenden**
- **Bildunterschriften verwenden**

DIE MITTELALTERLICHE GESELLSCHAFT

Aufgaben der Mönche

- Verkünden des Evangeliums
- Armen- und Krankenpflege
- Herstellung von Medikamenten
- Unterricht
- Verfassen von Büchern
- Rodungen von Wäldern
- Landwirtschaft
- Weiterverarbeitung landwirtschaftlicher Produkte
- künstlerische Tätigkeiten

OBRIGKEIT

KLERUS
LEHRSTAND
... lebten in Klöstern

ADEL (RITTER)
WEHRSTAND
... lebten in Burgen

Aufgaben der Ritter
- Herrendienst
- Frauendienst
- Gottesdienst

Ausbildung der Ritter
- Page
- Knappe
- Ritter

Rittertugenden
Maßhalten, Zucht, Recht, Ehre, Güte

FREIE BAUERN

- wehrfähig
- Eigenbesitz
- Erbrecht
- selbstständige Vertretung bei Gericht

UNTERTANEN

BAUERN
NÄHRSTAND

BÜRGER
... lebten in bewehrten Städten

Ausbildung
- Lehrzeit
- Geselle
- Meister

HÄNDLER, HANDWERKER

Zunft
- Zusammenschluss von Handwerkern nach Berufsgruppen
- Regelung von Rohstofflieferungen, Löhnen, Preisen
- Witwenversorgung

UNFREIE BAUERN

- Leibeigene (persönlich unfrei)
- Hörige (persönlich unfrei)
- Hintersassen (persönlich frei, zahlen Zins)

PATRIZIER

Gilde
- Zusammenschluss von Kaufleuten einer Stadt oder einer Gruppe fahrender Händler
- Schutz und Förderung gemeinsamer Interessen

Beide Beispiele handeln vom selben Inhalt – der Struktur der mittelalterlichen Gesellschaft. Die Gruppenbildung im rechten, verbesserten Beispiel kommuniziert grafisch bereits die inhaltliche Struktur: die Obrigkeit ist oben, die Untertanen sind unten. Beide Gruppen haben je zwei Untergruppen, die folgerichtig über zwei Spalten dargestellt werden.

MITTELALTERLICHES GESELLSCHAFTSSYSTEM

Lies den Text und erkläre das mittelalterliche Gesellschaftssystem in eigenen Worten.

OBRIGKEIT

KLERUS

LEHRSTAND

... lebten in Klöstern

Aufgaben der Mönche
- Verkünden des Evangeliums
- Armen- und Krankenpflege
- Herstellung von Medikamenten
- Unterricht
- Verfassen von Büchern
- Rodungen von Wäldern
- Landwirtschaft
- Weiterverarbeitung landwirtschaftlicher Produkte
- künstlerische Tätigkeiten

ADEL (Ritter)

WEHRSTAND

... lebten in Burgen

Aufgaben der Ritter
- Herrendienst
- Frauendienst
- Gottesdienst

Ausbildung der Ritter
- Page
- Knappe
- Ritter

Rittertugenden
Maßhalten, Zucht, Recht, Ehre, Güte

UNTERTANEN

BAUERN

NÄHRSTAND

... lebten auf dem Land

Unfreie Bauern
- Leibeigene (persönlich unfrei)
- Hörige (persönlich unfrei)
- Hintersassen (persönlich frei, zahlen Zins)

Freie Bauern
- wehrfähig
- Eigenbesitz
- Erbrecht
- selbstständige Vertretung bei Gericht

BÜRGER (erst später)

NÄHRSTAND

... lebten in bewehrten Städten

Handwerker
Ausbildung:
- Lehrzeit
- Geselle
- Meister

Zunft:
- Zusammenschluss von Handwerkern nach Berufsgruppen
- Regelung von Rohstofflieferungen, Löhnen, Preisen, Witwenversorgung

Patrizier
(besonders wohlhabende Bürger und oftmals Kaufleute)

Gilde:
- Zusammenschluss von Kaufleuten einer Stadt oder einer Gruppe fahrender Händler
- Schutz und Förderung gemeinsamer Interessen

MODUL MITTELALTER | ROHRER | WINTERSEMESTER 2018

E in Experiment: Stellen Sie sich vor, Sie müssten den in der Abbildung rechts dargestellten Sachverhalt (nach Twyman, 1982, 10) am Telefon, also rein verbal kommunizieren. Welche Kommunikationsform fördert Verständnis und Überblick stärker: die Tabelle oder Ihre Worte? Der hier offensichtliche Unterschied weist auf ein weitreichendes Faktum hin: Typografie ist nicht einfach nur gesprochene Sprache, die auf ein Blatt Papier „gegossen" wird bis es voll ist. Ebensowenig dient visuelle Kommunikation der „Aufhübschung" von fix vordefinierten Inhalten. Die Anordnung von Schrift und anderen grafischen Elementen erzeugt vielmehr eine neue Erklärebene, die die lineare, gesprochene Sprache nicht zu kommunizieren vermag. Rob Waller schreibt, dass bis ins Internetzeitalter die bewusste Anordnung der grafischen Elemente, Layout genannt, „der wichtigste Beitrag" war, den Typografie zum „Verstehen" leisten konnte (2016, 9)

Kernaspekte

Michael Twyman (1982, 8–11) hat ein Gerüst zur Definition von grafischen Anordnungs- und Symbolistationsmöglichkeiten vorgelegt (Abb. rechts/Mitte) das für jedes Dokument visueller Kommunikation als Analysewerkzeug einsetzbar ist. Er unterscheidet auf zwei Achsen zwischen vier Symbolisationsmodi und sieben Möglichkeiten der Konfiguration. Letztere sind „linear", „linear unterbrochen", „matritzenartig", „baumartig", „nicht-linear mit Führung" bzw. „nicht linear mit den meisten Optionen offen". Dieser Ausflug in die Design-Theorie hat für die Ersteller·innen von Lernmaterialien eine sehr praktische Bedeutung: Zeigt er doch, dass ein und derselbe sprachliche Sachverhalt auf verschiedene Art visuell kommuniziert werden kann. Zurück zum Beispiel mit der Fußballtabelle: Die Aufforderung, „beschreiben Sie die Fußballtabelle nur mit Worten" kommt hier dem Konfigurationsmodus „pure linear" gleich. Die gesprochenen Worte breiten sich ununterbrochen und linear im Raum aus und wären als grafische Umsetzung in Zelle 1 zu verorten. Ein LED-Sprachband verwendet als weiteres Beispiel für Zelle 1 als Symbolisation *nur Schrift* und breitet sich *ohne Unterbrechung* linear aus. Dass man normalerweise für die Darstellung der Fussballergebnisse die Matrizenkonfiguration einer Tabelle wählt (Zelle 5) folgt einerseits schlichtweg einer Konvention. Andererseits stellt ebendiese Konvention

First Division

	Home						Away					
	P	W	D	L	F	A	W	D	L	F	A	Pts
Leeds	13	5	1	0	12	4	3	3	1	8	3	20
Arsenal	13	6	1	0	21	2	1	3	2	6	11	12
Man. C	12	3	3	0	12	4	3	2	1	5	4	17
Spurs	13	4	1	1	9	4	2	4	1	10	6	17
Chryst P	13	5	0	2	10	5	2	3	1	5	4	17
Chelsea	13	3	3	0	11	8	2	3	2	3	5	16
Wolves	13	4	3	2	12	13	4	1	2	14	14	16
Liverpool	12	4	1	0	12	2	1	3	2	3	4	15
Stoke	13	3	2	0	13	1	0	2	4	5	15	13
Cov. C	13	1	3	2	6	3	2	2	3	6	8	13
Newe U.	13	3	1	1	6	6	3	1	3	9	10	13
S'hampton	13	2	4	1	8	3	1	2	4	7	10	12
Everton	13	3	2	1	9	6	2	1	4	9	13	12
Derby	13	3	3	3	11	9	1	2	3	7	11	12
WBA	13	2	1	1	13	9	0	2	4	9	21	11
Man. U	13	3	3	2	6	4	1	2	3	7	14	11
Notts F	13	3	3	1	12	6	0	3	4	1	13	11
H'field	13	3	3	1	9	5	0	2	4	3	12	11
Ipswich	13	3	2	2	13	7	0	1	5	1	8	9
W. Ham	13	1	4	2	9	10	0	3	3	6	11	9
B'pool	13	1	3	2	6	9	1	1	3	4	14	8
Burnley	13	0	2	5	4	12	0	2	4	2	10	4

Links: Erst die tabellarische Anordnung der Wörter verleiht diesem Sachverhalt eine nachvollziehbare Aussage, wie Michael Twyman (1982, 10) beobachtet.

Mitte: Nach Michael Twymans Modell (1982, 8) mit vier Symbolisations- und sieben Konfigurationsmöglichkeiten lässt sich jede Form der visuellen Kommunikation analysieren.

Ganz unten: Beispiel für Zelle „1" in Twymans Schema: die Sprache wird hier ausschließlich „verbal/numerical", also über Schrift symbolisiert. Die Konfiguration derselben läuft ohne Zeilen- oder Spaltenumbrüche rein linear von links nach rechts.

Method of configuration

	Pure linear	Linear interrupted	List	Linear branching	Matrix	Non-linear directed viewing	Non linear most optiens open
Verbal numencial	1	2	3	4	5	6	7
Pictoral & verbal numencial	8	9	10	11	12	13	14
Pictoral	15	16	17	18	19	20	21
Schematic	22	23	24	25	26	27	28

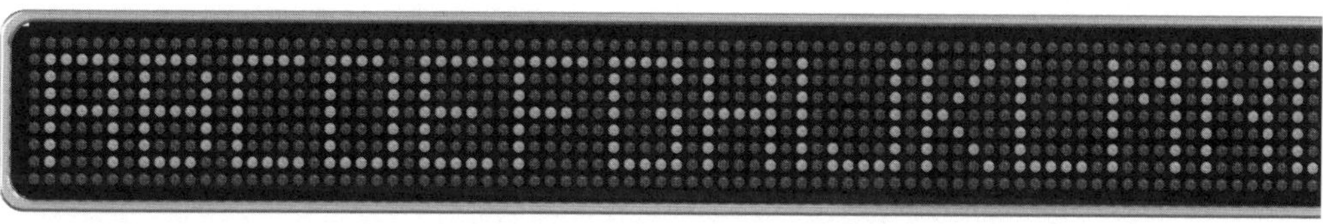

die geeignetste Wahl aus einer Vielzahl an Optionen dar. Nach Erkenntnissen der Gestalt-Psychologie werden nahe aneinander platzierte Elemente als inhaltlich miteinander verbunden wahrgenommen (u.a. Lidwell et al., 2003, 34). Somit lassen sich zwei Zeilen Text unter einem Bild als inhaltlich auf das Bild bezogen interpretieren – eine klassische Bildunterschrift. Zwei Bilder die nebeneinander stehen, erzählen durch ihre Wechselwirkung eine neue, gemeinsame Geschichte. In Erinnerung ist eine Magazindoppelseite: vollflächig-links ein Portrait von Frankenstein, vollflächig-rechts das Portrait einer Dame, der die Redakteur·innen des Magazins wohl etwas unfreundlich gesinnt waren.

Zusammengefasst ergeben sich im Wesentlichen drei Bausteine: 1. Text, 2. Bilder und 3. Weißraum. Letzterer hat eine funktionale sowie ästhetische Rolle. Weiße Flächen geben dem Leser die Möglichkeit, Notizen einzufügen, mit ihnen wird Raum für Lochungen oder Klammerungen geschaffen und sie können Inhalte hervorheben. Eine Überschrift wirkt zudem nicht nur durch ihre Größe und Platzierung bedeutsam, sondern auch dadurch, dass sie – wie das Schloss Belvedere von leerem Raum umgeben ist.

Möglichkeiten eines friedvollen Zusammenlebens trotz unterschiedlicher Glaubensrichtungen

In der Weltgeschichte gab es bereits unterschiedliche Konzepte (tlw. nur theoretisch), um das Zusammenleben von Menschen mit unterschiedlichen Glaubensvorstellungen zu regeln. Stellvertretend für viele dieser Versuche sollen folgende Grundgedanken mit ihren Vor- und Nachteilen gegenübergestellt werden:

Begriff	Erklärung	Vor- und Nachteile
Modell: Ringparabel	Jeder achte nur auf den eigenen Glauben/die eigene Religion und versuche möglichst viel Gutes zu tun. Die Wahrheit einer Überzeugung liegt im vernünftigen und dem Menschen hilfreichen Handeln.	+ -Friedliches Zusammenleben -gute Taten — -Reduzierung des Glaubens auf „gute" Taten
Augsburger Religionsfrieden	Festlegung: Die Regierung (der Fürst) bestimmt, welche Religion im Land ausgeübt werden darf. Anders- denkende können auswandern.	+ -homogene (gleichartige) Gesellschaft -Frieden — -Abhängigkeit Heimat-Glauben -Trennung von Familien -keine (positiven) Diskussionen mit Andersdenkenden
Modell: Kreuzritter	Für eigene Überzeugungen muss man bereit sein, auch zu kämpfen. Der wahre Glaube wird sich durchsetzen und falsche Ansichten verdrängen.	+ -eigene Überzeugungen sind es wert, dafür zu kämpfen — -Bewahrung des Glaubens (Treue, Einsatz, Wahrheit -Abhängigkeit Heimat-Glauben -Trennung von Familien -keine (positiven) Diskussionen mit Andersdenkenden

Was hat das Schloss Belvedere mit der Überschrift und den verwendeten Symbolen im Arbeitsblatt recht gemein? Antwort: Beide gewinnen durch ihre Umgebung an Bedeutung. Was oben der Schlosspark und der Himmel leisten, erfüllt rechts der so genannte „Weißraum"

Schlüsseldefinitionen

Layout

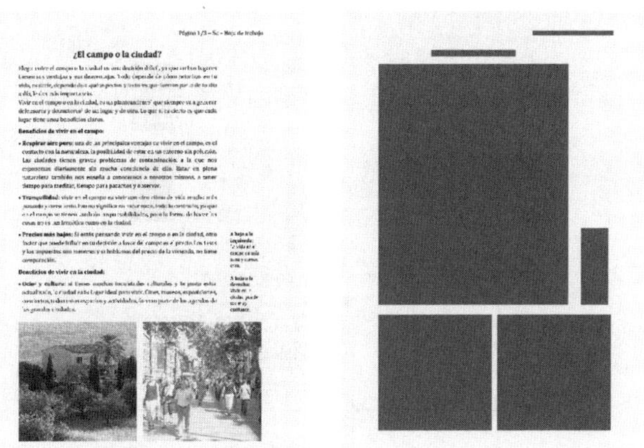

Página 1/3 – Sc – Hoja de trabajo

¿El campo o la ciudad?

Beneficios de vivir en el campo:

Beneficios de vivir en la ciudad:

Die Anordnung von grafischen Elementen, also Text, Bildern und Weißraum erzeugt das „Layout" einer Seite. Die beiden Flächen der Fotos werden in diesem Beispiel aufgrund ihrer Nähe als *ein* Element wahrgenommen.

Raster

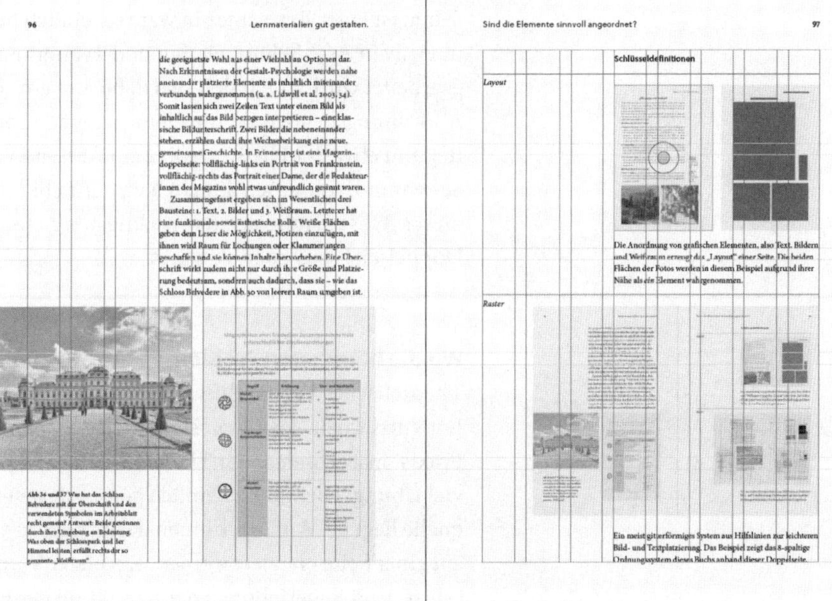

96 Lernmaterialien gut gestalten.

die geeignetste Wahl aus einer Vielzahl an Optionen dar. Nach Erkenntnissen der Gestalt-Psychologie werden nahe aneinander platzierte Elemente als inhaltlich miteinander verbunden wahrgenommen (u. a. Lidwell et al. 2003, 34). Somit lassen sich zwei Zeilen Text unter einem Bild als inhaltlich auf das Bild bezogen interpretieren – eine klassische Bildunterschrift. Zwei Bilder die nebeneinander stehen, erzählen durch ihre Wechselwirkung eine neue, gemeinsame Geschichte. In Erinnerung ist eine Magazindoppelseite: vollflächig-links ein Portrait von Frankenstein, vollflächig-rechts das Portrait einer Dame, der die Redakteurinnen des Magazins wohl etwas unfreundlich gesinnt waren.

Zusammengefasst ergeben sich im Wesentlichen drei Bausteine: 1. Text, 2. Bilder und 3. Weißraum. Letzterer hat eine funktionale sowie ästhetische Rolle. Weiße Flächen geben dem Leser die Möglichkeit, Notizen einzufügen, mit ihnen wird Raum für Lochungen oder Klammerungen geschaffen und sie können Inhalte hervorheben. Eine Überschrift wirkt zudem nicht nur durch ihre Größe und Platzierung bedeutsam, sondern auch dadurch, dass sie – wie das Schloss Belvedere in Abb. 30 von leerem Raum umgeben ist.

Abb 36 und 37 Was hat das Schloss Belvedere mit der Überschrift und den verwendeten Symbolen im Arbeitsblatt recht gemein? Antwort: Beide gewinnen durch ihre Umgebung an Bedeutung. Was oben der Schlosspark und der Himmel leisten, erfüllt rechts der so genannte „Weißraum".

Sind die Elemente sinnvoll angeordnet? 97

Schlüsseldefinitionen

Layout

Die Anordnung von grafischen Elementen, also Text, Bildern und Weißraum erzeugt das „Layout" einer Seite. Die beiden Flächen der Fotos werden in diesem Beispiel aufgrund ihrer Nähe als ein Element wahrgenommen.

Raster

Ein meist gitterförmiges System aus Hilfslinien zur leichteren Bild- und Textplatzierung. Das Beispiel zeigt das 8-spaltige Ordnungssystem dieses Buchs anhand dieser Doppelseite.

Ein meist gitterförmiges System aus Hilfslinien zur leichteren Bild- und Textplatzierung. Das Beispiel zeigt das 8-spaltige Ordnungssystem dieses Buchs anhand dieser Doppelseite.

Achsen

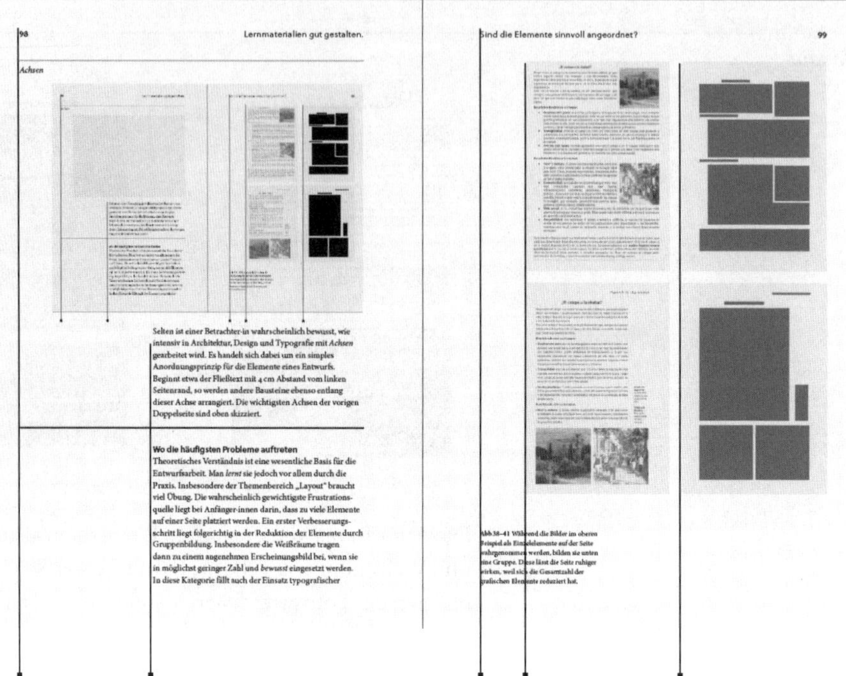

Selten ist einer Betrachter·in wahrscheinlich bewusst, wie intensiv in Architektur, Design und Typografie mit *Achsen* gearbeitet wird. Es handelt sich dabei um ein simples Anordnungsprinzip für die Elemente eines Entwurfs. Beginnt etwa der Fließtext mit 4 cm Abstand vom linken Seitenrand, so werden andere Bausteine ebenso entlang dieser Achse arrangiert. Die wichtigsten Achsen dieser Doppelseite sind oben skizziert.

Wo die häufigsten Probleme auftreten

Theoretisches Verständnis ist eine wesentliche Basis für die Entwurfsarbeit. Man *lernt* sie jedoch vor allem durch die Praxis. Insbesondere der Themenbereich „Layout" braucht viel Übung. Die wahrscheinlich gewichtigste Frustrationsquelle liegt bei Anfänger·innen darin, dass zu viele Elemente auf einer Seite platziert werden. Ein erster Verbesserungsschritt liegt folgerichtig in der Reduktion der Elemente durch Gruppenbildung. Insbesondere die Weißräume tragen dann zu einem angenehmen Erscheinungsbild bei, wenn sie in möglichst geringer Zahl und *bewusst* eingesetzt werden. In diese Kategorie fällt auch der Einsatz typografischer

¿El campo o la ciudad?

Elegir entre el campo o la ciudad es una decisión difícil, ya que ambos lugares tienen sus ventajas y sus desventajas. Todo depende de cómo priorizas en tu vida, es decir, depende de a qué aspectos y factores que forman parte de tu día a día, le das más importancia.
Vivir en el campo o en la ciudad, es un planteamiento[1] que siempre va a generar defensores y detractores[2] de un lugar y de otro. Lo que sí es cierto es que cada lugar tiene unos beneficios claros.

Beneficios de vivir en el campo:

- **Respirar aire puro**: una de las principales ventajas de vivir en el campo, es el contacto con la naturaleza, la posibilidad de estar en un entorno sin polución. Las ciudades tienen graves problemas de contaminación, a la que nos exponemos diariamente sin mucha consciencia de ello. Estar en plena naturaleza también nos enseña a conocernos a nosotros mismos, a tener tiempo para meditar, tiempo para pararnos y observar.
- **Tranquilidad**: vivir en el campo es vivir con otro ritmo de vida mucho más pausado y consciente. Eso no significa no hacer nada, todo lo contrario, ya que en el campo se tienen también responsabilidades, pero la forma de hacer las cosas no es tan frenética como en la ciudad.
- **Precios más bajos**: Si estás pensando vivir en el campo o en la ciudad, otro factor que puede influir en tu decisión a favor del campo es el precio. Las tasas y los impuestos son menores y si hablamos del precio de la vivienda, no tiene comparación.

Beneficios de vivir en la ciudad:

- **Ocio[3] y cultura**: si tienes muchas inquietudes culturales y te gusta estar actualizado, la ciudad es tu lugar ideal para vivir. Cines, museos, exposiciones, conciertos, todos estos espacios y actividades, forman parte de las agendas de las grandes ciudades.
- **Conectividad:** las ciudades se caracterizan por estar muy bien conectadas. Cuentan con muy buenas infraestructuras: carreteras, autopistas, transporte público… Esto hace que ir de un lugar a otro sea rápido y sencillo. Por otro lado, está la conectividad de las nuevas tecnologías, por ejemplo, generalmente puedes tener acceso a internet cómo y dónde quieras.
- **Vida social**: en la ciudad hay mayor concentración de población por lo que tienes más oportunidades para conocer a gente. Esto, unido a la oferta cultural y de ocio, se traduce en una vida social más activa.
- **Accesibilidad**: nos referimos al acceso a servicios públicos, ya que en las ciudades es donde se encuentran las sedes de las instituciones más importantes o los hospitales, mientras que en el campo es necesario moverte a la ciudad para hacer determinadas gestiones.

Para concluir hay que decir que vivir en el campo o en la ciudad es una decisión muy personal, que cada uno debe tomar teniendo en cuenta su forma de ser y sus aspiraciones[4]. Vivir en el campo o en la ciudad depende de ti y de tu forma de ser. Nosotros sabemos que **ambos lugares tienen beneficios** por lo que si no estás seguro, lo ideal es alternar ambos sitios, por ejemplo, puedes vivir en la ciudad entre semana, e intentar escaparte los fines de semana al campo, para desconectar de la rutina, y a la vez conectar con la naturaleza y contigo mismo.

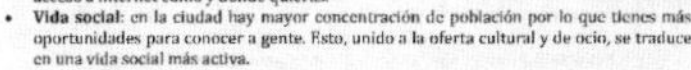

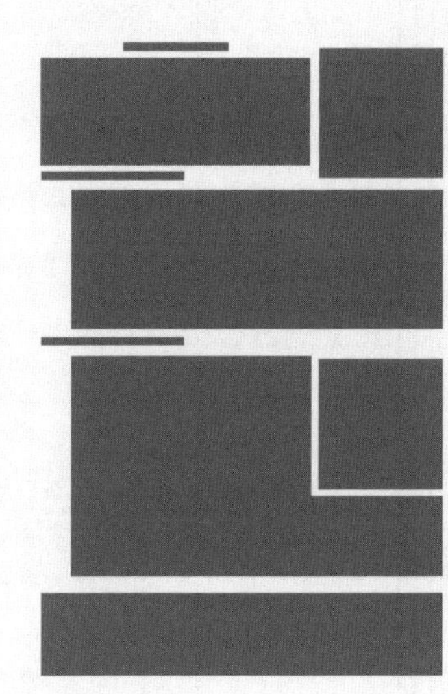

Página 1/3 – 5c – Hoja de trabajo

¿El campo o la ciudad?

Elegir entre el campo o la ciudad es una decisión difícil, ya que ambos lugares tienen sus ventajas y sus desventajas. Todo depende de cómo priorizas en tu vida, es decir, depende de a qué aspectos y factores que forman parte de tu día a día, le das más importancia.
Vivir en el campo o en la ciudad, es un planteamiento[1] que siempre va a generar defensores y detractores[2] de un lugar y de otro. Lo que sí es cierto es que cada lugar tiene unos beneficios claros.

Beneficios de vivir en el campo:

- **Respirar aire puro**: una de las principales ventajas de vivir en el campo, es el contacto con la naturaleza, la posibilidad de estar en un entorno sin polución. Las ciudades tienen graves problemas de contaminación, a la que nos exponemos diariamente sin mucha consciencia de ello. Estar en plena naturaleza también nos enseña a conocernos a nosotros mismos, a tener tiempo para meditar, tiempo para pararnos y observar.
- **Tranquilidad**: vivir en el campo es vivir con otro ritmo de vida mucho más pausado y consciente. Eso no significa no hacer nada, todo lo contrario, ya que en el campo se tienen también responsabilidades, pero la forma de hacer las cosas no es tan frenética como en la ciudad.
- **Precios más bajos:** Si estás pensando vivir en el campo o en la ciudad, otro factor que puede influir en tu decisión a favor del campo es el precio. Las tasas y los impuestos son menores y si hablamos del precio de la vivienda, no tiene comparación.

Beneficios de vivir en la ciudad:

- **Ocio[3] y cultura**: si tienes muchas inquietudes culturales y te gusta estar actualizado, la ciudad es tu lugar ideal para vivir. Cines, museos, exposiciones, conciertos, todos estos espacios y actividades, forman parte de las agendas de las grandes ciudades.

A bajo a la izquierda: La vida en el campo es más sana y menos com.

A bajo a la derecha: Vivir en la ciudad puede ser muy excitante.

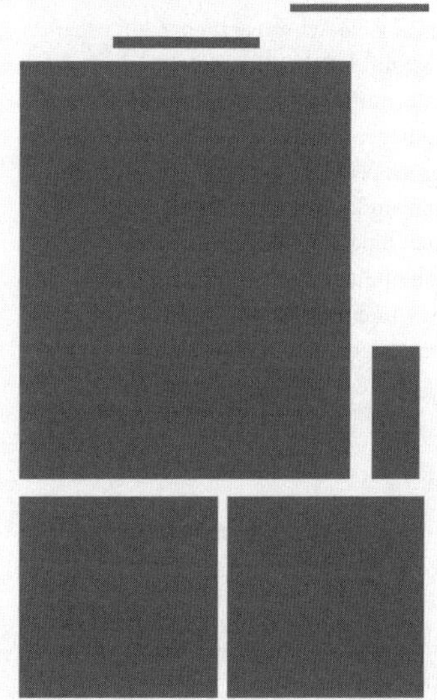

Während die Bilder im oberen Beispiel als Einzelelemente auf der Seite wahrgenommen werden, bilden sie unten eine Gruppe. Diese lässt die Seite ruhiger wirken, weil sich die Gesamtzahl der grafischen Elemente reduziert hat.

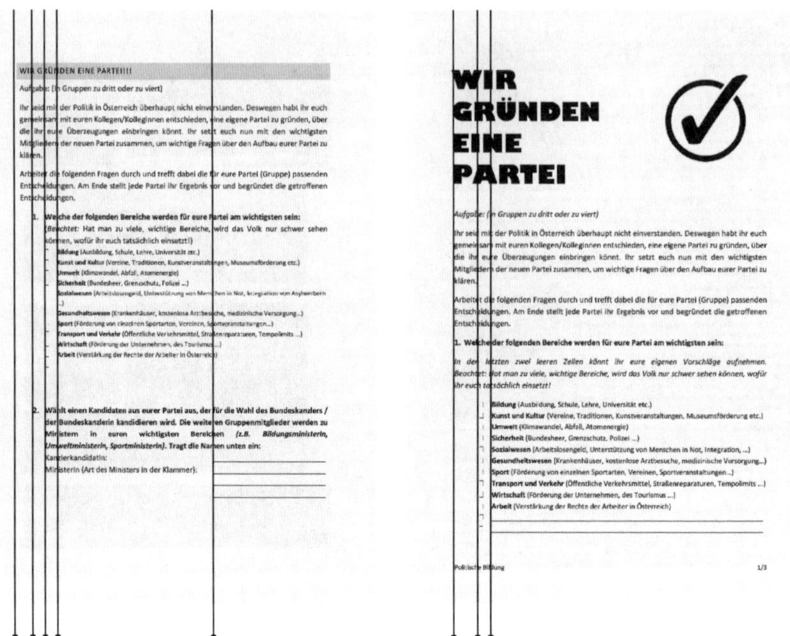

WIR GRÜNDEN EINE PARTEI!!!

Aufgabe: (In Gruppen zu dritt oder zu viert)

Ihr seid mit der Politik in Österreich überhaupt nicht einverstanden. Deswegen habt ihr euch gemeinsam mit euren Kollegen/Kolleginnen entschieden, eine eigene Partei zu gründen, über die ihr eure Überzeugungen einbringen könnt. Ihr setzt euch nun mit den wichtigsten Mitgliedern der neuen Partei zusammen, um wichtige Fragen über den Aufbau eurer Partei zu klären.

Arbeitet die folgenden Fragen durch und trefft dabei die für eure Partei (Gruppe) passenden Entscheidungen. Am Ende stellt jede Partei ihr Ergebnis vor und begründet die getroffenen Entscheidungen.

1. **Welche der folgenden Bereiche werden für eure Partei am wichtigsten sein:**
   (*Beachtet:* Hat man zu viele, wichtige Bereiche, wird das Volk nur schwer sehen können, wofür ihr euch tatsächlich einsetzt!)
   - **Bildung** (Ausbildung, Schule, Lehre, Universität etc.)
   - **Kunst und Kultur** (Vereine, Traditionen, Kunstveranstaltungen, Museumsförderung etc.)
   - **Umwelt** (Klimawandel, Abfall, Atomenergie)
   - **Sicherheit** (Bundesheer, Grenzschutz, Polizei …)
   - **Sozialwesen** (Arbeitslosengeld, Unterstützung von Menschen in Not, Integration von Asylwerbern …)
   - **Gesundheitswesen** (Krankenhäuser, kostenlose Arztbesuche, medizinische Versorgung…)
   - **Sport** (Förderung von einzelnen Sportarten, Vereinen, Sportveranstaltungen…)
   - **Transport und Verkehr** (Öffentliche Verkehrsmittel, Straßenreparaturen, Tempolimits …)
   - **Wirtschaft** (Förderung der Unternehmen, des Tourismus …)
   - **Arbeit** (Verstärkung der Rechte der Arbeiter in Österreich)
   -

2. **Wählt einen Kandidaten aus eurer Partei aus, der für die Wahl des Bundeskanzlers / der Bundeskanzlerin kandidieren wird. Die weiteren Gruppenmitglieder werden zu Ministern in euren wichtigsten Bereichen *(z.B. Bildungsministerin, Umweltministerin, Sportministerin)*. Tragt die Namen unten ein:**
   KanzlerkandidatIn: ____________
   MinisterIn (Art des Ministers in der Klammer): ____________
   ____
   ____

WIR GRÜNDEN EINE PARTEI

Aufgabe: (In Gruppen zu dritt oder zu viert)

Ihr seid mit der Politik in Österreich überhaupt nicht einverstanden. Deswegen habt ihr euch gemeinsam mit euren Kollegen/Kolleginnen entschieden, eine eigene Partei zu gründen, über die ihr eure Überzeugungen einbringen könnt. Ihr setzt euch nun mit den wichtigsten Mitgliedern der neuen Partei zusammen, um wichtige Fragen über den Aufbau eurer Partei zu klären.

Arbeitet die folgenden Fragen durch und trefft dabei die für eure Partei (Gruppe) passenden Entscheidungen. Am Ende stellt jede Partei ihr Ergebnis vor und begründet die getroffenen Entscheidungen.

1. Welche der folgenden Bereiche werden für eure Partei am wichtigsten sein:

In den letzten zwei leeren Zellen könnt ihr eure eigenen Vorschläge aufnehmen. Beachtet: Hat man zu viele, wichtige Bereiche, wird das Volk nur schwer sehen können, wofür ihr euch tatsächlich einsetzt!

- **Bildung** (Ausbildung, Schule, Lehre, Universität etc.)
- **Kunst und Kultur** (Vereine, Traditionen, Kunstveranstaltungen, Museumsförderung etc.)
- **Umwelt** (Klimawandel, Abfall, Atomenergie)
- **Sicherheit** (Bundesheer, Grenzschutz, Polizei …)
- **Sozialwesen** (Arbeitslosengeld, Unterstützung von Menschen in Not, Integration, …)
- **Gesundheitswesen** (Krankenhäuser, kostenlose Arztbesuche, medizinische Versorgung…)
- **Sport** (Förderung von einzelnen Sportarten, Vereinen, Sportveranstaltungen…)
- **Transport und Verkehr** (Öffentliche Verkehrsmittel, Straßenreparaturen, Tempolimits …)
- **Wirtschaft** (Förderung der Unternehmen, des Tourismus …)
- **Arbeit** (Verstärkung der Rechte der Arbeiter in Österreich)
- ____________
- ____________

Politische Bildung 1/3

Oben: Zu viele Achsen erzeugen ein unruhiges Satzbild: Beim linken Beispiel werden die Unterpunkte „1" und „2" durch einen Einzug hervorgehoben, während die folgenden Aufzählungspunkte zusätzlich eingezogen sind. Das rechte Beispiel zeigt, dass sich die fett gesetzten Zwischenüberschriften ausreichend vom Satzbild abheben und das Dokument mit weniger Achsen angenehmer zu lesen ist.

Achsen: Zu viele Einzüge bei Punktaufzählungen erzeugen unnötig unruhige Weißräume, die der Übersichtlichkeit des Arbeitsblatts schaden.

Empfehlungen für die Praxis

- Bevor Sie Elemente auf der Seite anordnen, denken Sie an die Möglichkeiten nach Twymans Schema: Klassischer Satz mit Zeilenumbrüchen, Listen, Tabellen, Baumstruktur oder freie Anordnung?
- In der Studie von Dos Santos, die einen Zusammenhang zwischen typografischem Design und Lernleistung belegt, war der *Einsatz von Weißraum* („space") das Kriterium, welches die Teilnehmer·innen als wichtigsten Beitrag zu einer klaren Struktur angegeben hatten (2007, 133).
- Halten Sie die Achsen konsistent. Dies trägt zu einem ruhigen und übersichtlichen Seitenaufbau bei.
- Bringen Sie zusammen, was zusammen gehört: Bildunterschriften gehören zu den Bildern, Überschriften über den Fließtext, Navigationselemente an den Seitenrand. Bildunterschriften bieten eine Möglichkeit, sich schnell in ein Thema einzufinden.
- Beachten Sie beim Bildeinsatz die Rechte der Urheber·innen und ziehen Sie nicht wahllos Bilder aus dem Internet. (→Anhang S. 144).

Unten: „Auszug aus …“ wird in der Verbesserung unten zur Bildunterschrift für die Sprechblase. Unter dem Foto wird zudem mehr Information untergebracht. „Arbeitsaufträge“ ist wiederum besser in der Navigationsleiste platziert, womit die Überschrift „Bürgerrechtsbewegung“ an Deutlichkeit gewinnt.

Arbeitsaufträge: Bürgerrechtsbewegung in den USA

Auszug aus Martin Luther Kings berühmter Rede vom 28. August 1963.

I have a dream that one day this nation will rise up and live out the true meaning of its creed: "We hold these truths to be self-evident, that all men are created equal."

I have a dream that one day on the red hills of Georgia, the sons of former slaves and the sons of former slave owners will be able to sit down together at the table of brotherhood.

I have a dream that one day even the state of Mississippi, a state sweltering with the heat of injustice, sweltering with the heat of oppression, will be transformed into an oasis of freedom and justice.

Martin Luther King

Arbeitsaufträge | Tanja Mustername, Klasse 3B

Bürgerrechtsbewegung in den USA

I have a dream that one day this nation will rise up and live out the true meaning of its creed: "We hold these truths to be self-evident, that all men are created equal."

I have a dream that one day on the red hills of Georgia, the sons of former slaves and the sons of former slave owners will be able to sit down together at the table of brotherhood.

I have a dream that one day even the state of Mississippi, a state sweltering with the heat of injustice, sweltering with the heat of oppression, will be transformed into an oasis of freedom and justice.

Auszug aus Martin Luther Kings berühmter Rede vom 28. August 1963.

Für seinen Einsatz für soziale Gerechtigkeit erhielt Martin Luther King 1964 den Friedensnobelpreis.

Konflikte: Wo sind sich die Experten uneins?

Wird in Fachkreisen über „didaktische Typografie" gesprochen, so ist eine Diskussion über die geeignetste Schriftform praktisch vorprogrammiert. Der Schriftform an sich, mit der sich das erste Kapitel dieses Buchs befasst, widmen sich Konferenzen, Studiengänge und eine Menge an Literatur. Vergleichsweise wenig findet sich im Gegensatz zum Thema „Layout". Willberg und Forssman (1999) bzw. Bosshard (2006) beschäftigen sich mit Layoutfragen im Kontext der Lesetypografie oder ästhetischer Probleme. Es gibt auch eine Reihe an Publikationen und Workshops zu typografischen Rastern aber vergleichsweise wenig Auseinandersetzung mit der Anordnung der grafischen Elemente an sich.

Die Lernergebnisse dieses Kapitels

- **Sie wissen, dass Weissraum ein Element auf der Seite ist, das zu den Elementen Schrift und Bild in Beziehung steht.**
- **Sie wissen, wie leerer Raum Wichtiges hervorheben kann.**
- **Sie wissen, wie Ihnen Twymans Schema bei der Gestaltung Ihrer Lernmaterialien Anregungen geben kann.**
- **Sie wissen, dass visuelle Kommunikation teilweise mehr zu Lernprozessen beitragen kann als die gesprochene Sprache.**

7. Verstehen Sie die Perspektive Ihrer Leserinnen und Leser?

Das Wichtigste:

- **Versetzen Sie sich in die Lernenden**
- **Erkennen Sie den grafischen Tonfall Ihrer Dokumente**
- **Füllen Sie Ihre Dokumente selbst aus**

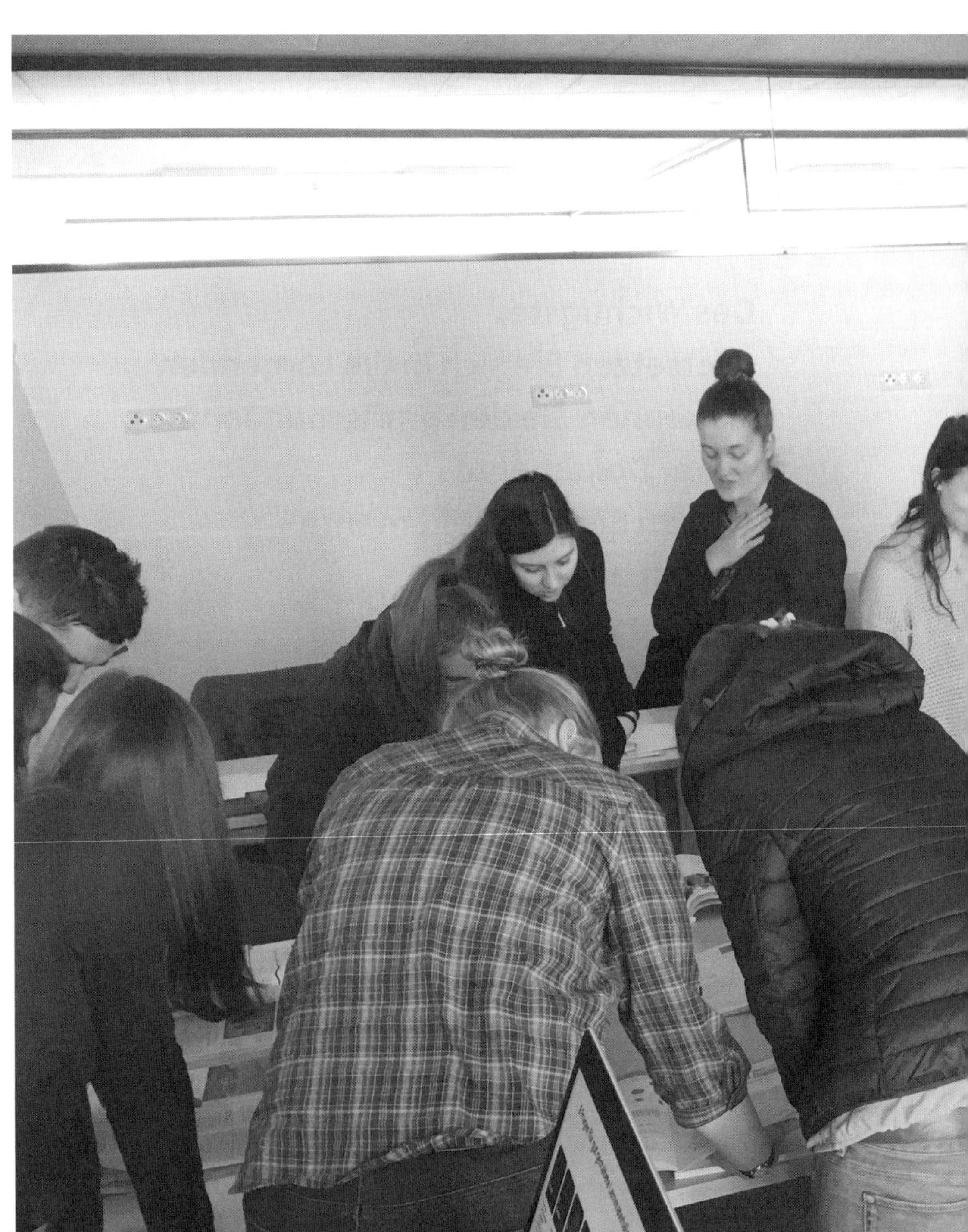

Geht es nach dem berühmten Gestalter Charles Eames, so liegt die Rolle der Gestalter·in darin, ein „guter, aufmerksamer Gastgeber“ zu sein, der „die Wünsche seiner Gäste vorherzusehen“ vermag [1]

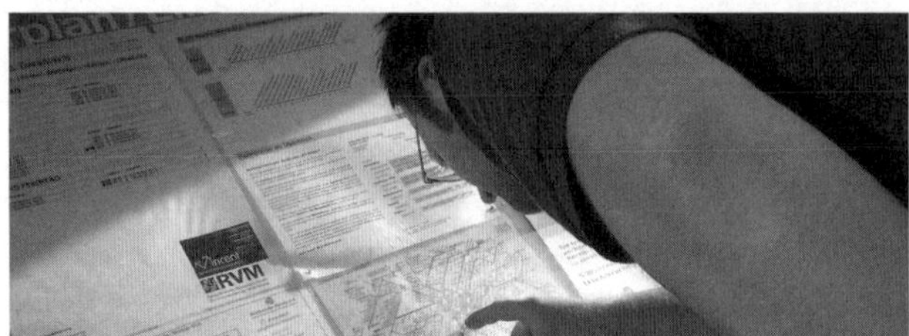

Leser kommen an die erste, zweite und dritte Stelle" schrieb Professor Paul Stiff als ersten Punkt seiner zehn Regeln für gelungenes Design[2]. Während seiner Entwurfskorrekturen am Department of Typography and Graphic Communication an der University of Reading nahm er bewusst die Rolle des Lesers ein. „Stefan, verstehst du, wann der Bus laut Christians Entwurf überhaupt am Bahnhof ankommen soll? Mir ist nicht klar, was dieses Symbol bei der Abfahrtszeit bedeuten soll. Warum ist da so viel kleiner Text ganz unten?". Einer seiner Vorträge startete mit einer Illustration, die schicke Menschen beim Cocktail-Trinken in einer Bar zeigte. „So stellen sich Designer die Welt vor", meinte er sinngemäß. Am folgenden Bild war eine bereits etwas ältere Frau an einer Busstation zu sehen, die versuchte, sich einen Reim auf die Fahrpläne zu machen. „Die Realität sieht häufig so aus", schloss er. Sein Perspektivwechsel von der Gestalter·in hin zur Leser·in fordert von jedweder Typografie unbedingte Lesbarkeit ein.

Kernaspekte

Ein Blick in die Welt der Erfolgsberatungsliteratur stellt die Bedeutung dieses Perspektivwechsels in einen größeren Kontext: „Wenn Sie sich am Ende dieses Buchs nur eine Sache mitnehmen – eine verstärkte Neigung immer aus der Blickrichtung der Anderen zu denken und die Dinge aus deren Perspektive zu sehen – wenn Sie sich nur diese eine Sache aus diesem Buch mitnehmen, könnte diese sich ohne Umstände als ein Grundstein ihrer Karriere erweisen." [3] (Carnegie, 1936, 45). Basierend auf einer Befragung von fast 900 Schüler·innen nennt Tille-Koch insofern wenig überraschend an *zweiter* Stelle des „Schritt 1 zum Lieblingslehrer": „Interesse an und Wertschätzung von Schülern". An *erster* Stelle – Sie ahnen es – stand „Methodenvielfalt" und an dritter „Strukturierung des Unterrichts (2014, 8).

Oben: „Design" hat bisweilen überraschend wenig mit Coolness und überraschend viel mit Alltag zu tun.

Schlüsseldefinitionen

Im Informationsdesign ist die Auseinandersetzung mit Nutzerbedürfnissen *das* zentrale Anliegen der Disziplin (u. a. Norman, 1988, 187–217). Und alle Inhalte des vorliegenden Buchs sollen als Teil dieses Designzugangs zu verbesserten Lernmaterialien führen. Folgende Begriffsdefinitionen mögen das Bild entsprechend erweitern:

Personas	Methode aus dem Informationsdesign und Marketing, bei der fiktive Personen möglichst konkret in ihren Lebensumständen und Beziehung zum Designprodukt beschrieben werden.
Zielgruppe	„Gruppe von Personen (mit vergleichbaren Merkmalen), die gezielt auf etwas angesprochen, mit etwas erreicht (3) werden soll" (Duden, 2020).

Wo die häufigsten Probleme auftreten

Während es in der Designwelt eine Tendenz gibt, die Funktionalität eines Entwurfs zu Gunsten der Ästhetik zu opfern[4], folgt die Gestaltung von Unterrichtsmaterialien bedauerlicherweise häufig dem Prinzip der *Kostenoptimierung*. Zu klein zusammenkopierte Zettel mögen wohl Kopierkosten sparen. Aus Schüler·innensicht sind unlesbare Lerndokumente jedoch eine Zumutung. Sie verschlechtern nicht nur ihre Aussichten auf gute Schulleistungen, sondern werfen zudem ein problematisches Licht auf das Thema der Wertschätzung durch die Lehrperson. Schwer lesbare Schularbeitsblätter müssen beispielsweise bei Schüler·innen den Eindruck der Ignoranz in Hinblick auf eine Situation hinterlassen, in der sie ohnehin unter Druck sind.

Empfehlungen für die Praxis

Das Informationsdesign macht sich für ein besseres Verstehen dieser „Situation des Gegenübers" das Werkzeug der Persona-Erstellung zunutze. Es ist als ein vorantastendes Verfahren und keinesfalls im Sinne einer „Zielgruppenerfassung" der Werbewirtschaft zu verstehen. Die Persona-Erstellung zielt auf den *Gewinn der Nutzer·innen* ab, der letztlich mit dem Gewinn der Gestalter·innen Hand in Hand geht. Die folgenden Fragen dienen als Beispiel für die Vorgehensweise[5]. Egal, ob Sie die Liste für sich beantworten möchten oder nicht – es ist bereits hilfreich, sich zu vergegenwärtigen, *dass* sich derartige Fragen auch im Schulunterricht stellen.

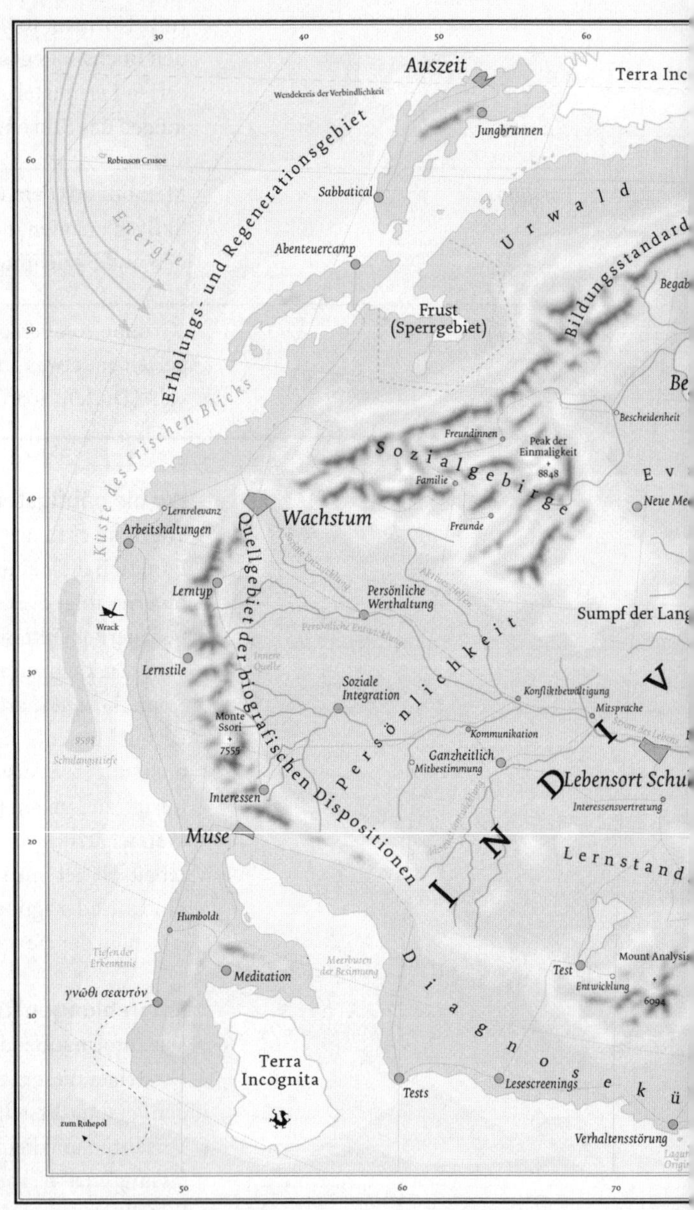

Rechts: Jeder Mensch ist anders: Fiktive Landkarte von Michael Schratz in Zusammenarbeit mit Christian Mariacher zum Thema Individualisierung. „Der Begriff der Individualisierung stammt aus der Soziologie und bezeichnet einen mit der Industrialisierung und Modernisierung der westlichen Gesellschaften einhergehenden Prozess eines Übergangs des Individuums von der Fremd- zur Selbstbestimmung." heißt es in Wikipedia (2020)

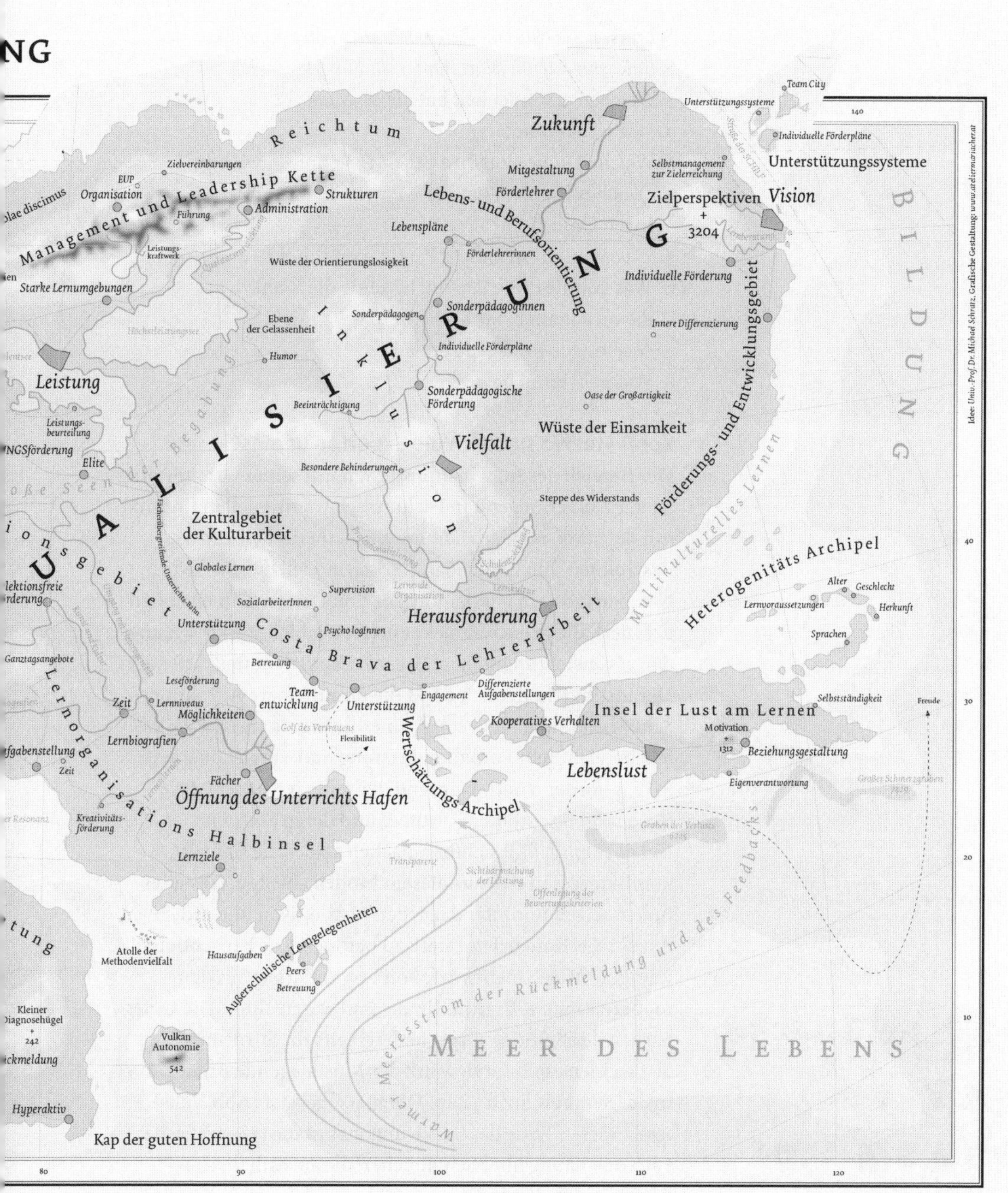

NG
Reichtum
Management und Leadership Kette
Zielvereinbarungen
EUP
Organisation
Strukturen
Führung
Administration
Leistungskraftwerk
Starke Lernumgebungen
Wüste der Orientierungslosigkeit
Ebene der Gelassenheit
Humor
Leistung
Leistungsbeurteilung
Elite
Zukunft
Mitgestaltung
Förderlehrer
Lebenspläne
Förderlehrerinnen
Lebens- und Berufsorientierung
Sonderpädagogen
Sonderpädagoginnen
Individuelle Förderpläne
Sonderpädagogische Förderung
Beeinträchtigung
Inklusion
Vielfalt
Besondere Behinderungen
INDIVIDUALISIERUNG
Team City
Unterstützungssysteme
Selbstmanagement zur Zielerreichung
Zielperspektiven
Vision
3204
Individuelle Förderung
Innere Differenzierung
Oase der Großartigkeit
Wüste der Einsamkeit
Steppe des Widerstands
Förderungs- und Entwicklungsgebiet
BILDUNG
Multikulturelles Lernen
Heterogenitäts Archipel
Alter
Geschlecht
Lernvoraussetzungen
Herkunft
Sprachen
Zentralgebiet der Kulturarbeit
Globales Lernen
Supervision
SozialarbeiterInnen
Herausforderung
Unterstützung
Psycho logInnen
Costa Brava der Lehrerarbeit
Betreuung
Leseförderung
Team-entwicklung
Unterstützung
Engagement
Differenzierte Aufgabenstellungen
Zeit
Lernniveaus
Möglichkeiten
Lernbiografien
Flexibilität
Wertschätzungs Archipel
Kooperatives Verhalten
Insel der Lust am Lernen
Selbstständigkeit
Freude
Motivation
1312
Beziehungsgestaltung
Lebenslust
Eigenverantwortung
Fächer
Öffnung des Unterrichts Hafen
Lernorganisations Halbinsel
Kreativitätsförderung
Lernziele
Ganztagsangebote
Zeit
Atolle der Methodenvielfalt
Hausaufgaben
Außerschulische Lerngelegenheiten
Peers
Betreuung
Meeresstrom der Rückmeldung und des Feedbacks
Warmer
MEER DES LEBENS
Vulkan Autonomie
542
Kleiner Diagnosehügel
242
Hyperaktiv
Kap der guten Hoffnung
Idee: Univ.-Prof. Dr. Michael Schratz, Grafische Gestaltung: www.ateliermarischer.at

Schreiben Sie Namen, Geschlecht und Alter einer fiktiven Schülers·in auf ein Blatt Papier und überlegen Sie:

1. Welche Persönlichkeit hat dieser Mensch?
2. Wie lernt er/sie?
3. Welche Dinge sind ihm bei einer Lehrer·in wichtig?
4. Welches Problem hat diese Person in Bezug auf Ihren Unterricht?
5. Was wünscht sich diese Person von Ihnen?
6. Was könnte diese Person, hätte sie die Wahl, davon abhalten, Sie als Lehrer zu wählen?
7. Was tun Sie für diese Person?
8. Was geht dann besser?

Konflikte: Wo sind sich die Experten uneins?

Der Bereich des Informationsdesign mit seiner Orientierung an der Nutzer·in gerät in Fachkreisen traditionell in Konflikt mit der stärkeren Ausrichtung am Ästhetischen anderer Disziplinen. Ein brauchbares Erklärmodell hierfür liefert Norman (2004, 63–98), indem er drei Design-Dimensionen definiert, die je nach Projekt unterschiedlich stark zueinander in Gewichtung stehen: Instinkt, Verhalten und Reflexion. Der instinktive Bereich deckt die unmittelbare Attraktion, Schönheit und das „Feeling" eines Entwurfs ab. Der Verhaltensbereich stellt Funktion, Leistung und Verwendbarkeit in den Vordergrund. Während der reflexive Aspekt das (ersehnte) Selbstbild der Nutzer und deren *Status im Gesellschaftsgefüge* sichtbar machen soll. Viele Entwurfskonflikte lassen sich aus diesem Modell ableiten. Gestalter·innen neigen mitunter dazu, den instinktiven und reflexiven Aspekt des Entwurfs zu stark zu betonen. Die berüchtigten Ray-gun-Magazinentwürfe von David Carson aus den 1990ern sahen z. B. attraktiv aus und waren „hip". Die Unlesbarkeit der Beiträge sorgte andererseits für Stirnrunzeln. So erschien ein Interview mit der Musiklegende Brian Ferry in der Symbolschrift „Zapf Dingbats" gesetzt (Abb. links). Am anderen Ende des Spektrums staunt die typografische Fachwelt häufig über Schulbücher, die auf ästhetische Ansprüche weitgehend zu verzichten scheinen.

Oben: Der Satz „Typografie ist zum Lesen da" sieht in der Zapf Dingbats so aus. Derartige Experimente bescherten dem Magazin „Ray Gun" in den 1990ern eine „Leserschaft", deren Wunsch nach Inhalten enden wollend gewesen sein dürfte.

Die Lernergebnisse dieses Kapitels

- **Leser·innen kommen an die erste, …**
- **… zweite, …**
- **… und dritte Stelle!**

8. Berührt das Dokument emotional?

Das Wichtigste:

- **Bilder verwenden**
- **Geschichten erzählen**
- **Sich als Person zu erkennen geben**

Puls und Blutdruck

Nach einer großen Anstrengung, kannst du deinen Pulsschlag fühlen. Wie Puls und Blutdruck entstehen und wie man sie messen kann, sollst du im Partnerpuzzle erlernen. Dazu ist jeder von euch einmal Arzt und einmal Patient.
Jeder Partner wird Experte (Arzt) für ein Thema (A: Puls, Niveau * oder B: Blutdruck, Niveau **). Im Anschluss erklärst du deinem Partner (Patient) wie der Puls bzw. der Blutdruck entsteht und gemessen werden kann.

Aufgaben:

Thema A: Puls

1. Lies den Text Versuch: Pulsmessung.
2. Miss deinem Patienten den Puls.
3. Stelle Vermutungen darüber auf, welche Vorgänge im Körper den Puls erzeugen. Notiere!
4. Überprüfe deine Vermutungen, indem du den Informationstext: Puls liest.
5. Bearbeite die Aufgaben 1 und 2.
6. Erkläre deinem Patienten wie der Puls entsteht und beantworte die Aufgaben 2 und 3.
7. Bitte nun deinen Partner, dich über den Blutdruck zu informieren.
8. Notiert euch die Ergebnisse des anderen.

Messwert:

Vermutungen:

Thema B: Blutdruck

1. Lies den Text Versuch: Blutdruckmessung.
2. Miss deinem Patienten den Blutdruck.
3. Stelle Vermutungen darüber auf, welche Vorgänge im Körper den Blutdruck erzeugen. Notiere!
4. Überprüfe deine Vermutungen, indem du den Informationstext: Blutdruck liest.
5. Bearbeite die Aufgaben 1 und 2.
6. Erkläre deinem Patienten wie der Blutdruck entsteht und beantworte die Aufgaben 2 und 3
7. Bitte nun deinen Partner, dich über den Puls zu informieren.
8. Notiert euch die Ergebnisse des anderen.

Messwert:

Vermutungen:

305_AB_Puls_Blutdruck.docx ZPG Biologie 2016 Seite **1** von **8**

Zwei Arbeitsblätter mit ähnlichem Inhalt. Die freundlichere Wirkung des rechten Dokuments ist auf eine Reihe von Maßnahmen zurückzuführen, die in den bisherigen Kapiteln dieses Buchs besprochen wurden. Um Bildern, Farbe und Piktogrammen mehr Raum zu geben wurde der Inhalt gekürzt. Dass derartige Eingriffe durchaus Teil der Gestaltungsarbeit sein können, belegen u. a. einige Beispiele ab S. 128.

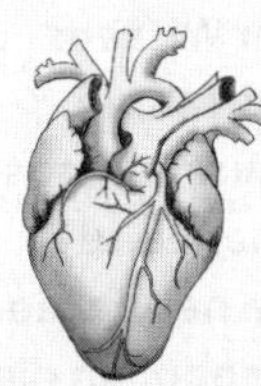

Puls und Blutdruck

Nach einer großen Anstrengung kannst du deinen Pulsschlag fühlen. Wie Puls und Blutdruck entstehen und wie man sie messen kann, sollst du im Partnerpuzzle erlernen. Dazu ist jeder von euch einmal Arzt und einmal Patient.

A. Pulsmessung

Durchführung:

1. Die erste Pulsmessung führst du bei dir selbst im Sitzen durch (Ruhepuls).
2. Lege drei Finger (Zeige-, Mittel- und Ringfinger) auf die Arterie (Daumenseite) direkt unterhalb deines linken Handgelenkes. Du spürst nun ein leichtes Klopfen – den Puls.
3. Zähle eine Minute lang die Anzahl der Pulsschläge notiere den Wert.
4. Mache nun 15 Kniebeugen. Direkt im Anschluss wird erneut der Puls gemessen. Notiere den Wert.
5. Messe deinem Patienten den Puls bei Ruhe und Belastung.

	Ruhepuls	**Puls nach 30 Kniebeugen**
Bei mir	/min	/min
Beim Patienten	/min	/min

Fasse deine Ergebnisse mit eigenen Worten zusammen. Stelle Vermutungen darüber auf, welche Vorgänge im Körper den Puls erzeugen.

____

____

____

____

____

1 Biologie / Puls und Blutdruck / 5B / März 2019

ls Teil des „Wie-gestalte-ich-gute-Lernmaterialien"-Seminars besuchte unsere Gruppe mindestens einmal pro Semester eine Galerie, um etwas über Wissenspräsentation im Ausstellungskontext zu erfahren. Während einer Führung im Architektur-Ausstellungsraum „aut" erfuhren wir, dass dort üblicherweise schön gestaltete Begleittexte in Heftform neben die Exponate gelegt werden. Sie sind ein Angebot an die Besucher, die sich vor Ort ausführlicher mit einem Thema befassen möchten. Selbstverständlich waren diese Dokumente Teil der Ausstellung und sollten in der Galerie verbleiben. Dieser Konsens zwischen Galerie und Besucher·innen musste nie explizit erwähnt werden. In einem speziellen Fall jedoch fehlten den Ausstellungsmachern die Ressourcen, weshalb diese Texte vergleichsweise einfach und grafisch wie materiell unaufwändig gestaltet wurden. Bemerkenswerterweise legten die Besucher·innen nunmehr eine ungewohnte Verhaltensweise an den Tag. Viele Dokumente wurden beschädigt, lieblos behandelt oder gestohlen. Diese Anekdote ließ mir die letzte der acht Fragen dieses Buchs in neuem Licht erscheinen. Kann es sein, dass wir auf die gestaltete Welt emotional so reagieren wie sie uns entgegentritt?

Kernaspekte

In „What the best college teachers do" fragt Bain (2004, 60): „Wie schaffe ich ein sicheres Umfeld, in dem Studierende etwas ausprobieren und scheitern können, Rückmeldung erhalten und nochmals probieren können?"[1]. Schüler lernen demnach besser, wenn sie sich in einem emotional sicheren Umfeld befinden. Eine diesbezügliche Erkenntnis des Informationsdesign liegt darin, dass wir nicht nur zu Menschen, sondern auch zu Objekten eine Beziehung aufbauen (Adams, van Gorp, 2012). Hartmut Rosa benennt dies als „diagonale" Beziehungsachse zur Objektwelt. Die Beziehung zu anderen Menschen bezeichnet er als „horizontal". Als „vertikal" wird die spirituelle Beziehungsachse zu Gott, Kunst und Natur angeführt (2016). Ein Kernaspekt der Qualität Ihrer selbst gestalteten Lernmaterialien liegt nun darin, dass sie Teil der positiven Ausgestaltung der *diagonalen* Beziehungsdimension sind. Sie leisten ebenso wie die Architektur des Schulgebäudes, die Ergonomie der Möbel etc. einen bedeutsamen Beitrag zu einem emotional sicheren Lernumfeld.

Schlüsseldefinitionen

Nach Twyman (1982, 7) kann man Typografie, Bilder und Schemata als Teil der Sprache an sich auffassen. Wenn man den Begriff Rhetorik als die Kunst der Rede definiert, so muss es für die „grafische Sprache" eine Entsprechung geben.
Eine „visuelle Rhetorik" [2]

Pathos in der Rhetorik

Nach Aristoteles' Rhetorik soll man zur Überzeugung seiner Zuhörerinnen in der Rede folgende drei sprachliche Werkzeuge einsetzen: 1. Ethos, 2. Pathos und 3. Logos [3]
1. appelliert an die Vernunft, man soll sich ein Bild von der Integrität der Redner·in machen können. Etwas über ihre Kompetenz, Sozialrang und bisherige Erfolge erfahren.
2. Wirklich überzeugt kann die Zuhörerschaft jedoch nur unter Einbindung von *Emotionen* werden. Logos bringt 3. die sachlichen Beweise und appelliert an die Vernunft des Publikums. Um sein Publikum zu überzeugen, bedarf es also aller drei Aspekte, wobei für dieses Kapitel *Pathos* von Interesse ist. Aristoteles beschreibt die Affekte im „Zweiten Buch" übrigens sehr ausführlich. Angeführt werden sie als Wortpaare, wie etwa „Entrüstung–Geringschätzung", „Liebe–Hass" oder „Schüchternheit–Frechheit". (Krapinger, 1999, 78–156)

Bildsprache

Dem Thema „Lernen am Bild“ widmete sich Kap. 5 mit der Frage, ob Lerninhalte *grafisch* sichtbar gemacht würden. Die Relevanz der Bilder geht über die bloße Sichtbarmachung von Informationen insofern hinaus, als man sie im weiteren Kontext der Rhetorik betrachten muss. Was vorerst der reinen Faktenvermittlung (Logos) diente, bekommt zudem eine emotionale Dimension (Pathos). Thomas Burger nennt „Bildsprache“ als eine von drei rhetorischen Basiswerkzeugen für Lehrer·innen. Als Beispiel führt er die verbal beschriebene Geschichte einer Hubschrauberlandung im englischen Garten in München an. Es kommen dabei sprachliche *Bilder* wie „Ohrenbetäubender Lärm erfüllt die Luft“ (2018, 46) zum Einsatz. Fasst man Lerndokumente als *visuelle Rhetorik* auf so kann hier diese „Bildsprache“ noch direkter wirken: Schlichtweg indem die Bilder *gezeigt* werden.

Narrativ

Egal, ob im Fachbereich des Informationsdesign, des Marketing, bei Vorträgen oder sonstigen Bereichen, in denen man die Aufmerksamkeit seines Publikums gewinnen möchte: Ein Weg hierzu führt über das Geschichten-Erzählen. Zum Schlagwort „Storytelling“ findet Amazon in der Rubrik „Bücher“ derzeit über 20.000 Suchergebnisse. Hier auf Details eingehen zu wollen, würde den Rahmen des Buchs sprengen. Als Startpunkt hilft die Feststellung, dass der Aufbau von Geschichten in der Regel festen Erzählstrukturen folgt. „Die Taten eines Helden in Mythen, Romanen und Filmen ereignen sich auf einer Heldenfahrt oder Heldenreise, manchmal auch Quest genannt, die durch typische Situationsabfolgen und Figuren gekennzeichnet ist.“ (Wikipedia, 2020). Van Gorp et al. (2012) setzen dies am Beispiel eines Vortrags ein. Die Geschichte durchläuft dabei im Wesentlichen folgende Stationen:

1. Vorstellung der Charaktere, Beziehungen herstellen, Erstellen der Hoffnung. 2. Ruf zum Abenteuer/den Mentor treffen, 3. Hürden, Konfrontationen, Tests, 4. Kontraste: Dilemma/Lösung, Nervenprobe, Leidensweg, Emotionen, 5. eine neue Person taucht auf und gibt eine Wendung, 6. Drehpunkt zeigt Zuhörer·innen, was getan werden muss, wie sich Neues in Zukunft lohnt, 7. Neue Glückseligkeit

---

Wo die häufigsten Probleme auftreten

Dem emotionalen Aspekt in der visuellen Kommunikation begegnet man im schulischen Kontext meist in seinen extremen Ausprägungen: Zum Einen lässt sich eine Tendenz hin zum Zu-viel-wollen beobachten. So führen gut gemeinte grafische Auflockerungsmaßnahmen zu Unübersichtlichkeit und teilweise infantil anmutenden Gestaltungslösungen (Abb. unten). Silvia Werfel (2019, 164) fasst das Phänomen in ihrer typografischen Untersuchung von Schulbüchern so zusammen: „Einige sind – aus Typografen- und Schülersicht – gestalterisch überfrachtet oder überdesignt bzw. zu ambitioniert. Es wird versucht, zu Vieles unter einen Hut zu bringen. […] Sollen gedruckte Schulbücher künftig immer noch bunter, […] sein?".

Zum Anderen zeigt das Beispiel auf S. 123 welche Chancen vergeben werden, wenn auf die in diesem Buch besprochenen Möglichkeiten verzichtet wird und Lerndokumente ausschließlich rational-emotionslos angelegt werden.

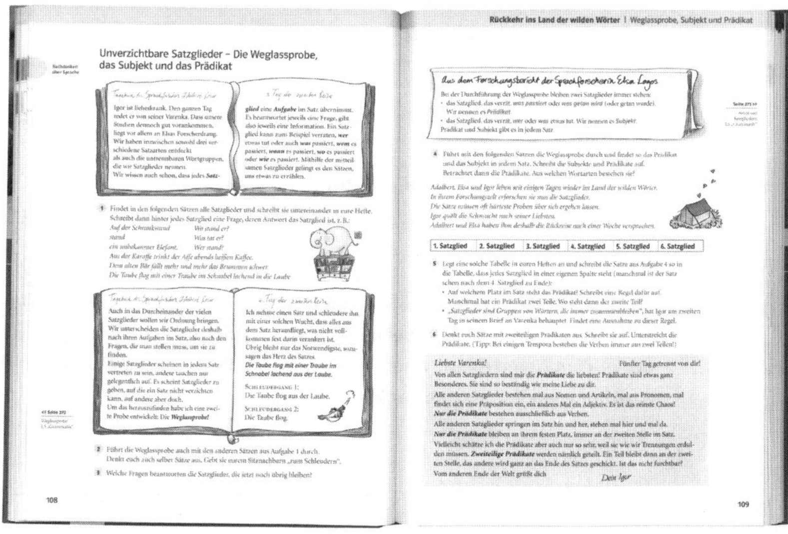

Unverzichtbare Satzglieder – Die Weglassprobe, das Subjekt und das Prädikat

Igor ist liebeskrank. Den ganzen Tag redet er von seiner Varenka. Dass unsere Studien dennoch gut vorankommen, liegt vor allem an Elsas Forscherdrang. Wir haben inzwischen sowohl drei verschiedene Satzarten entdeckt als auch die untrennbaren Wortgruppen, die wir Satzglieder nennen. Wir wissen auch schon, dass jedes **Satzglied** eine **Aufgabe** im Satz übernimmt. Es beantwortet jeweils eine Frage, gibt also jeweils eine Information. Ein Satzglied kann zum Beispiel verraten, **wer** etwas tut oder auch **was** passiert, **wem** es passiert, **wann** es passiert, **wo** es passiert oder **wie** es passiert. Mithilfe der mitteilsamen Satzglieder gelingt es den Sätzen, uns etwas zu erzählen.

1 Findet in den folgenden Sätzen alle Satzglieder und schreibt sie untereinander in eure Hefte. Schreibt dann hinter jedes Satzglied eine Frage, deren Antwort das Satzglied ist, z. B.:
Auf der Schrankwand — *Wo stand er?*
stand — *Was tat er?*
ein unbekannter Elefant. — *Wer stand?*
Aus der Karaffe trinkt der Affe abends heißen Kaffee.
Dem alten Bär fällt mehr und mehr das Brummen schwer.
Die Taube flog mit einer Traube im Schnabel lachend in die Laube

Auch in das Durcheinander der vielen Satzglieder wollen wir Ordnung bringen. Wir unterscheiden die Satzglieder deshalb nach ihren Aufgaben im Satz, also nach den Fragen, die man stellen muss, um sie zu finden. Einige Satzglieder scheinen in jedem Satz vertreten zu sein, andere tauchen nur gelegentlich auf. Es scheint Satzglieder zu geben, auf die ein Satz nicht verzichten kann, auf andere aber doch. Um das herauszufinden habe ich eine zweite Probe entwickelt: Die **Weglassprobe!**

Ich nehme einen Satz und schleudere ihn mit einer solchen Wucht, dass alles aus dem Satz herausfliegt, was nicht vollkommen fest darin verankert ist. Übrig bleibt nur das Notwendigste, sozusagen das Herz des Satzes.
Die Taube flog mit einer Traube im Schnabel lachend aus der Laube.
SCHLEUDERGANG 1:
Die Taube flog aus der Laube.
SCHLEUDERGANG 2:
Die Taube flog.

2 Führt die Weglassprobe auch mit den anderen Sätzen aus Aufgabe 1 durch. Denkt euch auch selbst Sätze aus. Gebt sie eurem Sitznachbarn „zum Schleudern".

3 Welche Fragen beantworten die Satzglieder, die jetzt noch übrig bleiben?

108

Rückkehr ins Land der wilden Wörter | Weglassprobe, Subjekt und Prädikat

Aus dem Forschungsbericht der Sprachforscherin Elsa Logos
Bei der Durchführung der Weglassprobe bleiben zwei Satzglieder immer stehen:
- das Satzglied, das verrät, *was passiert* oder *was getan wird* (oder getan wurde). Wir nennen es *Prädikat*.
- das Satzglied, das verrät, *wer* oder *was* etwas tut. Wir nennen es *Subjekt*.
Prädikat und Subjekt gibt es in jedem Satz.

4 Führt mit den folgenden Sätzen die Weglassprobe durch und findet so das Prädikat und das Subjekt in jedem Satz. Schreibt die Subjekte und Prädikate auf. Betrachtet dann die Prädikate. Aus welchen Wortarten bestehen sie?

Adalbert, Elsa und Igor leben seit einigen Tagen wieder im Land der wilden Wörter.
In ihrem Forschungszelt erforschen sie nun die Satzglieder.
Die Sätze müssen oft härteste Proben über sich ergehen lassen.
Igor quält die Sehnsucht nach seiner Liebsten.
Adalbert und Elsa haben ihm deshalb die Rückreise nach einer Woche versprochen.

1. Satzglied	2. Satzglied	3. Satzglied	4. Satzglied	5. Satzglied	6. Satzglied

5 Legt eine solche Tabelle in euren Heften an und schreibt die Sätze aus Aufgabe 4 so in die Tabelle, dass jedes Satzglied in einer eigenen Spalte steht (manchmal ist der Satz schon nach dem 4. Satzglied zu Ende):
- Auf welchem Platz im Satz steht das Prädikat? Schreibt eine Regel dafür auf. Manchmal hat ein Prädikat zwei Teile. Wo steht dann der zweite Teil?
- *„Satzglieder sind Gruppen von Wörtern, die immer zusammenbleiben"*, hat Igor am zweiten Tag in seinem Brief an Varenka behauptet. Findet eine Ausnahme zu dieser Regel.

6 Denkt euch Sätze mit zweiteiligen Prädikaten aus. Schreibt sie auf. Unterstreicht die Prädikate. (Tipp: Bei einigen Tempora bestehen die Verben immer aus zwei Teilen!)

Liebste Varenka! Fünfter Tag getrennt von dir!
Von allen Satzgliedern sind mir die ***Prädikate*** die liebsten! Prädikate sind etwas ganz Besonderes. Sie sind so beständig wie meine Liebe zu dir.
Alle anderen Satzglieder bestehen mal aus Nomen und Artikeln, mal aus Pronomen, mal findet sich eine Präposition ein, ein anderes Mal ein Adjektiv. Es ist das reinste Chaos!
Nur die Prädikate bestehen ausschließlich aus Verben.
Alle anderen Satzglieder springen im Satz hin und her, stehen mal hier und mal da.
Nur die Prädikate bleiben an ihrem festen Platz, immer an der zweiten Stelle im Satz.
Vielleicht schätze ich die Prädikate aber auch nur so sehr, weil sie wie wir Trennungen erdulden müssen. ***Zweiteilige Prädikate*** werden nämlich geteilt. Ein Teil bleibt dann an der zweiten Stelle, das andere wird ganz an das Ende des Satzes geschickt. Ist das nicht furchtbar?
Vom anderen Ende der Welt grüßt dich *Dein Igor*

109

Empfehlungen für die Praxis

- Arbeiten Sie soweit Ihnen die entsprechenden Ressourcen zur Verfügung stehen mit Farben. Im Kapitel 3 wurden Farben als Formatierungsmöglichkeit vorgestellt. Werden mehrere Farben kombiniert entsteht eine Farbpalette, die je nach Zusammenstellung eine emotionale Wirkung entfaltet. Hilfreich ist die Arbeit mit Farbkombinationsbüchern bzw. auf das Thema spezialisierte online-Plattformen.
- Setzen Sie Bilder ein.
- Geben Sie sich als Person zu erkennen, indem Sie neben anderen Navigationshilfen Ihren Namen auf Dokumenten angeben.
- Erzählen Sie Geschichten. Das Arbeitsblatt „Wir gründen eine Partei“ (Abb. unten) erklärt beispielsweise nicht bloß die Fakten zur Struktur des demokratischen Systems. Vielmehr erzählt es eine *Geschichte*, in der die Schüler·innen zu Parteigründer·innen werden.

Unten: Vom Schüler·in zur Minister·in, Wahlkampfleiter·in und Kanzler·in: Ein Lerndokument, das mit Storytelling-Prinzipien arbeitet.

5. Wie versucht ihr, euren Wahlkampf umzusetzen (Plakate, Social Media, Fernsehen etc.)?

Beachtet: Ein zu teuer geführter Wahlkampf schadet dem Staat und kommt nicht gut an.

____

____

____

6. Wie wollt ihr als Partei die Macht zwischen den drei politischen Ebenen in Zukunft verteilen? Vergibt bestimmte Prozentsätze für jede Ebene.

Beachtet: Alle 3 Ebenen müssen insgesamt 100% ergeben. Beachtet bei eurer Entscheidung die Informationen auf dem Hilfsblatt.
Beispiel: Bundesebene 50 Prozent / Landesebene 30 Prozent / Gemeindeebene 20 Prozent

Bundesebene: ____% Landesebene: ____% Gemeindeebene: ____%

Begründet eure Verteilung in Stichworten:

____

____

7. Nachdem ihr nun wisst, wofür eure Partei steht, braucht ihr natürlich einen dazu passenden Namen. Versucht einen Namen zu finden, der zu eurer Partei passt. Versucht neben dem Namen auch einen Werbespruch oder Leitspruch zu finden, mit dem man euch immer in Verbindung bringen soll:

Parteiname: ______________________________
Werbespruch/Leistspruch: ______________________________

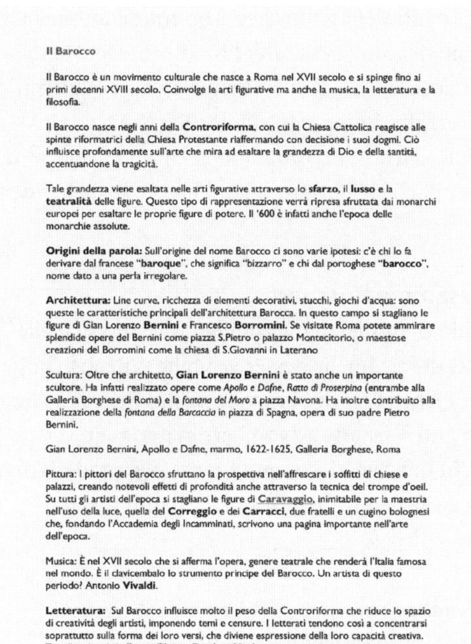

Il Barocco

Il Barocco è un movimento culturale che nasce a Roma nel XVII secolo e si spinge fino ai primi decenni XVIII secolo. Coinvolge le arti figurative ma anche la musica, la letteratura e la filosofia.

Il Barocco nasce negli anni della **Controriforma**, con cui la Chiesa Cattolica reagisce alle spinte riformatrici della Chiesa Protestante riaffermando con decisione i suoi dogmi. Ciò influisce profondamente sull'arte che mira ad esaltare la grandezza di Dio e della santità, accentuandone la tragicità.

Tale grandezza viene esaltata nelle arti figurative attraverso lo **sfarzo**, il **lusso** e la **teatralità** delle figure. Questo tipo di rappresentazione verrà ripresa sfruttata dai monarchi europei per esaltare le proprie figure di potere. Il '600 è infatti anche l'epoca delle monarchie assolute.

Origini della parola: Sull'origine del nome Barocco ci sono varie ipotesi: c'è chi lo fa derivare dal francese "**baroque**", che significa "bizzarro" e chi dal portoghese "**barocco**", nome dato a una perla irregolare.

Architettura: Line curve, ricchezza di elementi decorativi, stucchi, giochi d'acqua: sono queste le caratteristiche principali dell'architettura Barocca. In questo campo si stagliano le figure di Gian Lorenzo **Bernini** e Francesco **Borromini**. Se visitate Roma potete ammirare splendide opere del Bernini come piazza S.Pietro o palazzo Montecitorio, o maestose creazioni del Borromini come la chiesa di S.Giovanni in Laterano

Scultura: Oltre che architetto, **Gian Lorenzo Bernini** è stato anche un importante scultore. Ha infatti realizzato opere come *Apollo e Dafne*, *Ratto di Proserpina* (entrambe alla Galleria Borghese di Roma) e la *fontana del Moro* a piazza Navona. Ha inoltre contribuito alla realizzazione della *fontana della Barcaccia* in piazza di Spagna, opera di suo padre Pietro Bernini.

Gian Lorenzo Bernini, Apollo e Dafne, marmo, 1622-1625, Galleria Borghese, Roma

Pittura: I pittori del Barocco sfruttano la prospettiva nell'affrescare i soffitti di chiese e palazzi, creando notevoli effetti di profondità anche attraverso la tecnica del trompe d'oeil. Su tutti gli artisti dell'epoca si stagliano le figure di Caravaggio, inimitabile per la maestria nell'uso della luce, quella del **Correggio** e dei **Carracci**, due fratelli e un cugino bolognesi che, fondando l'Accademia degli Incamminati, scrivono una pagina importante nell'arte dell'epoca.

Musica: È nel XVII secolo che si afferma l'opera, genere teatrale che renderà l'Italia famosa nel mondo. È il clavicembalo lo strumento principe del Barocco. Un artista di questo periodo? Antonio **Vivaldi**.

Letteratura: Sul Barocco influisce molto il peso della Controriforma che riduce lo spazio di creatività degli artisti, imponendo temi e censure. I letterati tendono così a concentrarsi soprattutto sulla forma dei loro versi, che diviene espressione della loro capacità creativa. Tra gli scrittori si afferma **Giovan Battista Marino**, poeta e scrittore napoletano.

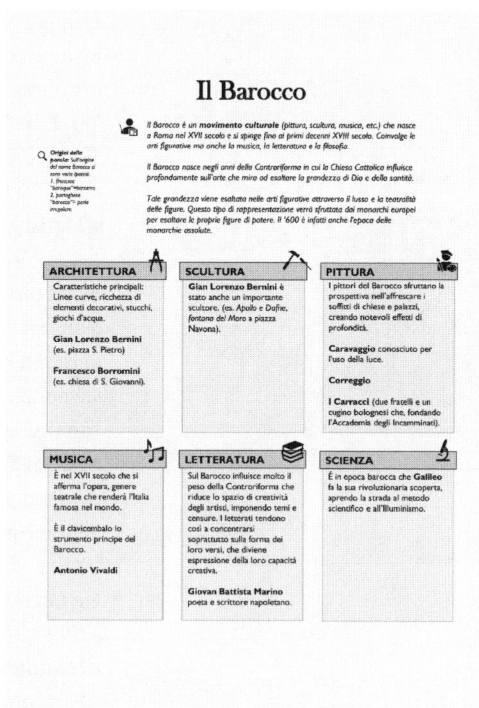

Il Barocco

Il Barocco è un ***movimento culturale*** *(pittura, scultura, musica, etc.) che nasce a Roma nel XVII secolo e si spinge fino ai primi decenni XVIII secolo. Coinvolge le arti figurative ma anche la musica, la letteratura e la filosofia.*

Il Barocco nasce negli anni della Controriforma in cui la Chiesa Cattolica influisce profondamente sull'arte che mira ad esaltare la grandezza di Dio e della santità.

Tale grandezza viene esaltata nelle arti figurative attraverso il lusso e la teatralità delle figure. Questo tipo di rappresentazione verrà sfruttata dai monarchi europei per esaltare le proprie figure di potere. Il '600 è infatti anche l'epoca delle monarchie assolute.

Origini della parola: *Sull'origine del nome Barocco ci sono varie ipotesi: 1. francese "baroque"=bizzarro 2. portoghese "barocco"= perla irregolare.*

ARCHITETTURA
Caratteristiche principali: Linee curve, ricchezza di elementi decorativi, stucchi, giochi d'acqua.
Gian Lorenzo Bernini (es. piazza S. Pietro)
Francesco Borromini (es. chiesa di S. Giovanni).

SCULTURA
Gian Lorenzo Bernini è stato anche un importante scultore. (es. *Apollo e Dafne*, *fontana del Moro* a piazza Navona).

PITTURA
I pittori del Barocco sfruttano la prospettiva nell'affrescare i soffitti di chiese e palazzi, creando notevoli effetti di profondità.
Caravaggio conosciuto per l'uso della luce.
Correggio
I Carracci (due fratelli e un cugino bolognesi che, fondando l'Accademia degli Incamminati).

MUSICA
È nel XVII secolo che si afferma l'opera, genere teatrale che renderà l'Italia famosa nel mondo.
È il clavicembalo lo strumento principe del Barocco.
Antonio Vivaldi

LETTERATURA
Sul Barocco influisce molto il peso della Controriforma che riduce lo spazio di creatività degli artisti, imponendo temi e censure. I letterati tendono così a concentrarsi soprattutto sulla forma dei loro versi, che diviene espressione della loro capacità creativa.
Giovan Battista Marino poeta e scrittore napoletano.

SCIENZA
É in epoca barocca che **Galileo** fa la sua rivoluzionaria scoperta, aprendo la strada al metodo scientifico e all'Illuminismo.

Oben: Was soll an einem neutralen Blatt falsch sein? Nichts, aber gestalterische „Neutralität" gibt es ohnehin nicht und man lernt besser in einem emotional ansprechenden Umfeld.

Konflikte: Wo sind sich die Experten uneins?

Der auf Aristoteles basierende, bewusste Einsatz von Emotionen ist heute ein alltägliches Mittel, insbesondere in der politischen Kommunikation und Werbung (vgl. Jörke, 2010). Das Vorher-nachher-Beispiel oben macht diesbezüglich ein weitreichendes Problem sichtbar. Eine durchaus nachvollziehbare Reaktion hierauf kann etwa so lauten: „Was soll falsch an einem einfachen, neutral gestalteten Schriftstück sein?". Vielleicht schwingt hier etwas Ressentiment mit: „Wer braucht das schon? Ich bin keine Künstler·in sondern Lehrer·in. Das wird alles viel zu kompliziert und aufwendig. Die Schüler müssen lernen, mit einem einfachen, neutralen Arbeitsblatt zu arbeiten".

Diese Einwände gehen Hand in Hand mit Vorstellungen zu *gestalterischer Neutralität.* Die Beispiele reichen von den Produkten von Apple bis hin zu diversen Voreinstellungen in MS Word, wo die Formatierungen offenbar einem möglichst *neutralen* Standard unterworfen werden sollen. In „The Rhetoric of Neutrality" schreibt Kinross (1985) nicht nur von einer *grafischen Rhetorik,* sondern erklärt auch, dass es letztlich keine Neutralität in der Informationsvermittlung geben *kann.* Er gibt zu bedenken, dass der heute noch spürbare

Drang hin zur „neutralen" grafischen Kommunikation einer historischen Entwicklung geschuldet ist, die im Deutschland der Zwischenkriegszeit, Stichwort Bauhaus, seine Wurzeln hat. Eine Blüte erfuhr dieser „Stil" in der Nachkriegszeit: Technischer Fortschritt, Präzision und eben auch Neutralität passten zu einer nach Orientierung und Identität suchenden Gesellschaft.

Statt einer Zusammenfassung

Vom Standpunkt dieses letzten Kapitels aus lassen sich alle anderen Kapitel dieses Buchs besser verstehen. Beabsichtigen sie doch die Erleichterung des Lesens und das Begreifen eines Inhalts. Durch gute Gestaltung von Lernmaterialien verbessern Sie nicht nur den *messbaren Lernerfolg,* sondern *auch* die Beziehung zwischen Ihnen, Ihrem Fach und Ihren Schüler·innen.

Genau deshalb haben Sie

- *Eine gut lesbare Schrift gewählt*
- *Detailtypografische Regeln beachtet*
- *Formatierungen konsequent eingesetzt*
- *Die passenden Bausteine für gegebene Inhalte gefunden*
- *Lerninhalte grafisch sichtbar gemacht*
- *Die Elemente sinnvoll angeordnet*
- *Sich in Ihre Leserinnen und Leser versetzt*
- *Und mit grafischer Begeisterung eine leser- und lernfreundliche Atmosphäre geschaffen.*

Die Lernergebnisse dieses Kapitels

- **Sie wissen, dass es eine „visuelle Rhetorik" gibt.**
- **Sie wissen, wie sich Aristoteles' auf Ihre Lerndokumente anwenden lässt.**
- **Sie wissen, dass Geschichten Lernprozesse in Gang setzen.**
- **Sie wissen, dass Bilder ein wesentlicher Teil von Geschichten sind.**
- **Sie wissen, dass Menschen in einem emotional sicheren Lernumfeld besser lernen.**

Seite rechts: Die Geburtsstunde der Emoticons: Auszug aus einer Nachricht aus dem Jahr 1982 von Scott Fahlman, in der er erstmals die Verwendung ebendieser vorschlägt. Der Erfolg seiner Idee spricht für sich. (Wikipedia, 2020)

I propose
the following character
sequence
for joke markers:

:-)

Read it sideways.
Actually, it is
probably more economical
to mark things
that are NOT jokes,
given current trends.
For this, use

:-(

Beispiele aus der Unterrichtspraxis

Der Aufbau der folgenden Beispielseiten folgt dem „Vorher-Nachher"-Prinzip. Die jeweiligen Ausgangsmaterialien sind dabei links platziert. Alle Ausgangsmaterialien wurden in der vorliegenden Form tatsächlich im Unterricht verwendet. Alle „Nachher"-Versionen wurden von angehenden Lehrerinnen und Lehrern auf Basis der in diesem Buch vorgestellten Prinzipien selbst gestaltet und verbessert. Manche Inhalte wurden im Vergleich zum Ausgangsmaterial zugunsten eines besseren Verständnisses gekürzt oder umformuliert. Wer dies als „schwindeln" auffasst, irrt: Informationen inhaltlich zu hinterfragen ist nicht nur *zulässig,* sondern wesentlicher Teil jeder Gestaltungsarbeit. Gelungene Lerndokumente zeichnen sich nicht dadurch aus, dass möglichst viel Text auf einer Seite untergebracht wird.

**„Pädagogische Wirkungen
erzielt man durch Vereinfachen,
durch Herausheben.
Wer am besten wegzulassen weiß,
ist der beste Lehrer …"**

Otto Neurath (Thurm, 2003, 209)

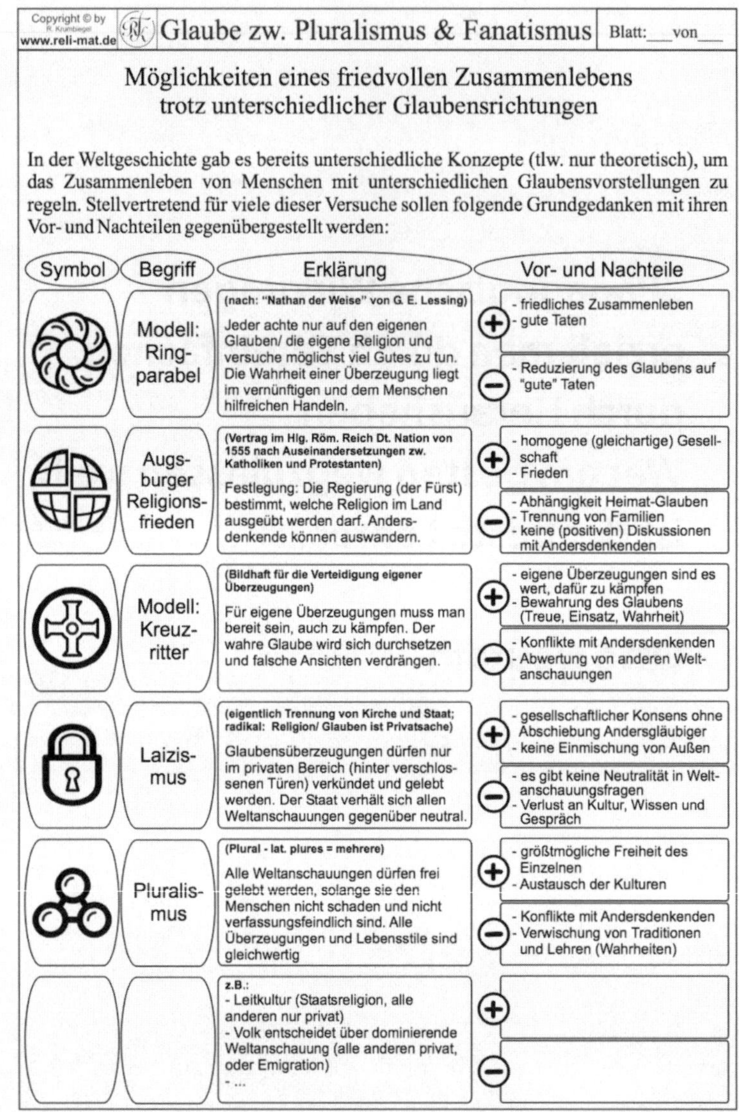

Copyright © by R. Krumbiegel www.reli-mat.de | Glaube zw. Pluralismus & Fanatismus | Blatt:__ von__

Möglichkeiten eines friedvollen Zusammenlebens trotz unterschiedlicher Glaubensrichtungen

In der Weltgeschichte gab es bereits unterschiedliche Konzepte (tlw. nur theoretisch), um das Zusammenleben von Menschen mit unterschiedlichen Glaubensvorstellungen zu regeln. Stellvertretend für viele dieser Versuche sollen folgende Grundgedanken mit ihren Vor- und Nachteilen gegenübergestellt werden:

Symbol	Begriff	Erklärung	Vor- und Nachteile
	Modell: Ringparabel	(nach: "Nathan der Weise" von G. E. Lessing) Jeder achte nur auf den eigenen Glauben/ die eigene Religion und versuche möglichst viel Gutes zu tun. Die Wahrheit einer Überzeugung liegt im vernünftigen und dem Menschen hilfreichen Handeln.	+ - friedliches Zusammenleben - gute Taten − - Reduzierung des Glaubens auf "gute" Taten
	Augsburger Religionsfrieden	(Vertrag im Hlg. Röm. Reich Dt. Nation von 1555 nach Auseinandersetzungen zw. Katholiken und Protestanten) Festlegung: Die Regierung (der Fürst) bestimmt, welche Religion im Land ausgeübt werden darf. Andersdenkende können auswandern.	+ - homogene (gleichartige) Gesellschaft - Frieden − - Abhängigkeit Heimat-Glauben - Trennung von Familien - keine (positiven) Diskussionen mit Andersdenkenden
	Modell: Kreuzritter	(Bildhaft für die Verteidigung eigener Überzeugungen) Für eigene Überzeugungen muss man bereit sein, auch zu kämpfen. Der wahre Glaube wird sich durchsetzen und falsche Ansichten verdrängen.	+ - eigene Überzeugungen sind es wert, dafür zu kämpfen - Bewahrung des Glaubens (Treue, Einsatz, Wahrheit) − - Konflikte mit Andersdenkenden - Abwertung von anderen Weltanschauungen
	Laizismus	(eigentlich Trennung von Kirche und Staat; radikal: Religion/ Glauben ist Privatsache) Glaubensüberzeugungen dürfen nur im privaten Bereich (hinter verschlossenen Türen) verkündet und gelebt werden. Der Staat verhält sich allen Weltanschauungen gegenüber neutral.	+ - gesellschaftlicher Konsens ohne Abschiebung Andersgläubiger - keine Einmischung von Außen − - es gibt keine Neutralität in Weltanschauungsfragen - Verlust an Kultur, Wissen und Gespräch
	Pluralismus	(Plural - lat. plures = mehrere) Alle Weltanschauungen dürfen frei gelebt werden, solange sie den Menschen nicht schaden und nicht verfassungsfeindlich sind. Alle Überzeugungen und Lebensstile sind gleichwertig	+ - größtmögliche Freiheit des Einzelnen - Austausch der Kulturen − - Konflikte mit Andersdenkenden - Verwischung von Traditionen und Lehren (Wahrheiten)
		z.B.: - Leitkultur (Staatsreligion, alle anderen nur privat) - Volk entscheidet über dominierende Weltanschauung (alle anderen privat, oder Emigration) - ...	+ −

- Zeilenabstand →S. 43
- Weniger ist mehr →S. 56
- Formatierungen →S. 48–63

Übervolle Seiten werden von Lehrpersonen häufig selbst als Problem erkannt. Diese Seite wirkt überambitioniert. Der Wunsch, sechs Beispiele anzuführen führt, 1. zu einem zu geringem Zeilenabstand. Die tabellarische Anordnung wird 2. durch zu viele Kästen überfrachtet, deren Rahmenform 3. zudem variiert.

Möglichkeiten eines friedvollen Zusammenlebens trotz unterschiedlicher Glaubensrichtungen

In der Weltgeschichte gab es bereits unterschiedliche Konzepte (tlw. nur theoretisch), um das Zusammenleben von Menschen mit unterschiedlichen Glaubensvorstellungen zu regeln. Stellvertretend für viele dieser Versuche sollen folgende Grundgedanken mit ihren Vor- und Nachteilen gegenübergestellt werden:

	Begriff	Erklärung	Vor- und Nachteile
	**Modell: Ringparabel**	Jeder achte nur auf den eigenen Glauben/die eigene Religion und versuche möglichst viel Gutes zu tun. Die Wahrheit einer Überzeugung liegt im vernünftigen und dem Menschen hilfreichen Handeln.	+ -Friedliches Zusammenleben -gute Taten — -Reduzierung des Glaubens auf „gute" Taten
	**Augsburger Religionsfrieden**	Festlegung: Die Regierung (der Fürst) bestimmt, welche Religion im Land ausgeübt werden darf. Anders- denkende können auswandern.	+ -homogene (gleichartige) Gesellschaft -Frieden — -Abhängigkeit Heimat-Glauben -Trennung von Familien -keine (positiven) Diskussionen mit Andersdenkenden
	**Modell: Kreuzritter**	Für eigene Überzeugungen muss man bereit sein, auch zu kämpfen. Der wahre Glaube wird sich durchsetzen und falsche Ansichten verdrängen.	+ -eigene Überzeugungen sind es wert, dafür zu kämpfen — -Bewahrung des Glaubens (Treue, Einsatz, Wahrheit -Abhängigkeit Heimat-Glauben -Trennung von Familien -keine (positiven) Diskussionen mit Andersdenkenden

Definiert man Schriftgröße und Zeilenabstand der kleinsten Texteinheit (also den Text *in* den Tabellenzellen) so, dass sie gut lesbar ist, dann ergibt sich zwangsläufig eine *maximale* Zeilenanzahl pro A4-Blatt. Der Menge an gut darstellbarer Information ist damit eine natürliche Grenze gesetzt.

Die Demokratie

Demokratie ist eine politische Staatsform bei der das Volk das Sagen hat. Das Volk hat in einer Demokratie wichtig Rechte wie zum Beispiel die Meinungsfreiheit und Pressefreiheit, die allgemeinen Menschenrechte und das Wahlrecht.

Gewaltenteilung

Die Gewaltenteilung dient dazu, dass eine Institution in einem Staat alle drei Funktionen übernehmen dürfen damit ein Staat möglichst demokratisch bleibt und vor Korruption vorbeugt. Alle Gewalten haben auch die Aufgabe sich gegenseitig zu kontrollieren.

Grundgesetz => Legislative, Exekutive, Judikative

Legislative: Gesetzgebende Gewalt, Kontrolliert die Exekutive und Judikative, Hat Kontrolle über die Exekutive

Exekutive: Ausführende Gewalt, Muss sich an die Gesetze halten

Judikative: Richterliche Gewalt, Bezieht sich auf Gesetz und Recht

Aufgabe

Recherchiere über die Gewaltenteilung.

1) Stelle dar wie die Gewaltenteilung in Österreich aussieht

Gewalt	Zuständige Institution(en)
Legislative	
Exekutive	
Judikative	

• Schriftwahl →S. 28–34
• Diagramme →S. 74–89

Das Ausgangsdokument ist zwar gut lesbar und die Struktur des Texts durch Hervorhebungen und zwei Überschriftshierarchien gut erkennbar. Dennoch wirkt es wenig einladend, was 1. an der Schriftwahl liegt: Die Times hat Karriere als „Office"-Schrift gemacht und wirkt entsprechend bürokratisch. 2. wird weitgehend auf *grafische* Möglichkeiten der Sichtbarmachung des Inhalts verzichtet. Selbst die tabellarische Anordnung am Ende der Seite ist schwer als solche erkennbar.

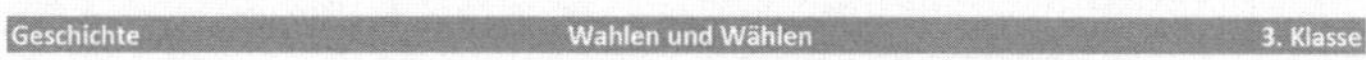

Die Demokratie

Demokratie ist eine politische Staatsform bei der das Volk das Sagen hat. Das Volk hat in einer Demokratie wichtig Rechte wie zum Beispiel die Meinungsfreiheit und Pressefreiheit, die allgemeinen Menschenrechte und das Wahlrecht.

Gewaltenteilung

Die Gewaltenteilung dient dazu, dass eine Institution in einem Staat nicht alle drei Funktionen übernehmen dürfen damit ein Staat möglichst demokratisch bleibt und vor Korruption vorbeugt. Alle Gewalten haben auch die Aufgabe sich gegenseitig zu kontrollieren.

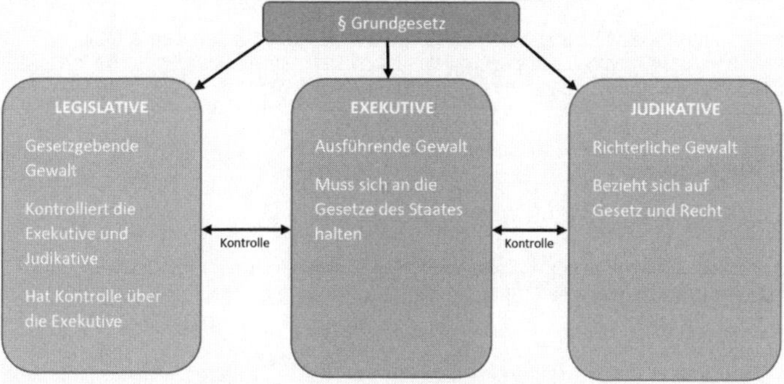

Recherchiere über die Gewaltenteilung

Stelle dar wie die Gewaltenteilung in Österreich aussieht.

Gewalt	Zuständige Institution(en)
Legislative	
Exekutive	
Judikative	

Die Verwendung der Schrift Calibri mit ihren abgerundeten Ecken gibt dem Dokument bereits eine freundlichere Anmutung. Die hier noch offensichtlichere Verbesserung liegt in der Verwendung einer diagrammatischen Darstellungsmethode für das Thema „Gewaltenteilung". Die Piktogramme am Seitenrand strukturieren das Blatt. Beeindruckend ist zudem wie sich die Rechercheaufgabe am Ende der Seite gewandelt hat. Beachten Sie, dass durch kluge Typografie nunmehr auf das Wort „Aufgabe" verzichtet werden kann.

Fensterfront

Diskutiert, ob große Fensterfronten im Winter für die Wärme im Haus gut oder schlecht sind und begründet eure Entscheidung.

Quellen: https://www.leifiphysik.de/waermelehre/waermetransport/aufgabe/fensterfront
https://www.pexels.com/de-de/foto/architektur-architekturdesign-aufnahme-von-unten-ausdruck-32377

Schneemann

Schmilzt ein Schneemann mit Wollschal und Wollmütze schneller oder langsamer? Warum? Diskutiert in der Gruppe.

Bild: https://www.pexels.com/de-de/foto/kalt-schnee-winter-weihnachten-3334473/

- Weißräume →S. 96–103
- Achsen →S. 98–100
- Bausteine →S. 64–73

Das linke Blatt wirkt im Vergleich zum rechten schlechter strukturiert. Die Abstände vor- und nach der Überschrift „Schneemann" sind gleich groß. Damit ist sie nicht eindeutig dem unteren Informationsblock zugeordnet. Der Zeilenabstand bei „Ein schwarzer …" ist größer als bei „Diskutiert, ob …". Die inkonsequente Formatierung verwirrt, da nunmehr zwei grafische Kategorien für *eine* inhaltliche Kategorie vorliegen. Die Benennung der Quellen ist gemessen an deren Bedeutung zu promiment am Arbeitsblatt platziert.

Wärmestrahlung A. Amann, J. Davies

Fensterfront

Diskutiert, ob große Fensterfronten im Winter für die Wärme im Haus gut oder schlecht sind und begründet eure Entscheidung.

Schneemann

Schmilzt ein Schneemann mit Wollschal und Wollmütze schneller oder langsamer? Warum? Diskutiert in der Gruppe.

Quellen: https://www.leifiphysik.de/waermelehre/waermetransport/aufgabe/fensterfront
Bild 1: https://www.pexels.com/de-de/foto/architektur-architekturdesign-aufnahme-von-unten-ausdruck-323776/
Bild 2: https://www.pexels.com/de-de/foto/kalt-schnee-winter-weihnachten-3334473/

Bei der Verbesserung wurden die Quellen als inhaltlich untergeordnet erkannt und entsprechend klein und am unteren Seitenrand platziert. Die Bausteine Überschrift, Aufgabenstellung und Bild sind in dem Beispiel eindeutig miteinander zu *einer* Informationseinheit verbunden. Der Navigationsbaustein im Balken ganz oben stellt den inhaltlichen Kontext zum Thema „Wärmestrahlung" her.

BESTANDTEILE DER NAHRUNG

Der Stoffwechselvorgang der Ernährung umfasst Nahrungsaufnahme, Verdauung und Resorption. Der Mensch ernährt sich ______________________.
Dies bedeutet, dass er für
Assimilation(____)
und Dissimilation(____)
auf organische Stoffe anderer Lebewesen angewiesen ist.
Die Nahrung, die der Körper aufnimmt, enthält verwertbare Stoffe (z.B.______________)
und nicht verwertbare Stoffe(________________________).

NÄHRSTOFFE	Andere Bestandteile der Nahrung

Baustoffe	Betriebsstoffe

KOHLENHYDRATE
Monosaccharide:

Summenformel → $C_6H_{12}O_6$
Strukturformel:

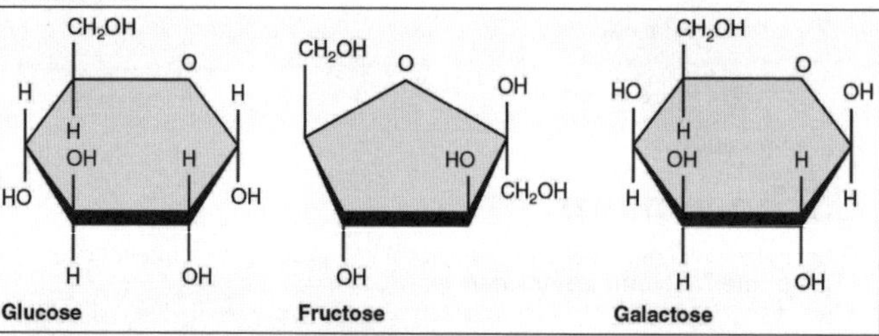

Disaccharide:
Saccharose Maltose Lactose

• Formatierungen →S. 48–63
• Bausteine →S. 64–73

Dieses Dokument wirkt auf den ersten Blick bereits gut strukturiert und bedient sich informationsgrafischer Werkzeuge wie Tabelle und Diagramm. Die weißen Räume in der Tabelle suggerieren zwar einen Handlungsauftrag (ausfüllen?) bleiben diesbezüglich jedoch unklar. Insbesondere die variierenden Leerräume lassen fälschlicherweise eine variierende Quantität der auszufüllenden Inhalte vermuten.

ERNÄHRUNGSLEHRE

1. BESTANDTEILE DER NAHRUNG

Der Stoffwechselvorgang der Ernährung umfasst Nahrungsaufnahme, Verdauung und Resorption. Der Mensch ernährt sich ________________.
Dies bedeutet, dass er für Assimilation (________________________________ ________________________________) und Dissimilation (__________ ________________________________) auf organische Stoffe anderer Lebewesen angewiesen ist.
Die Nahrung, die der Körper aufnimmt, enthält verwertbare Stoffe (z.B.______________) und nicht verwertbare Stoffe(______________________).

➢ **Vervollständige die Tabelle mit den passenden Begriffen!**

Nährstoffe	
Andere Bestandteile der Nahrung	
Baustoffe	
Betriebsstoffe	

2. KOHLENHYDRATE

2.1 Monosaccharide nennt man auch ________________________.
Summenformel → $C_6H_{12}O_6$
Strukturformel:

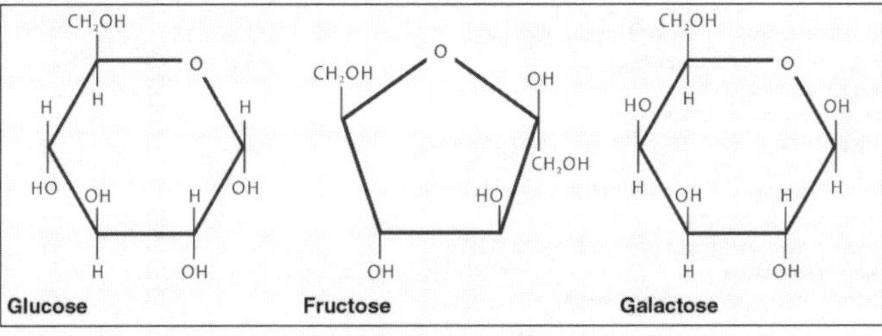

2.2 Disaccharide nennt man auch ________________________.

Stärke	Glykogen	Zellulose

Die wesentlichen Strukturmerkmale des Blatts wurden in der Überarbeitung beibehalten, jedoch grafisch deutlicher definiert. Die größeren Zwischenüberschriften machen das Dokument übersichtlicher. Hinzu kommt eine Hauptüberschrift, die einen Kontext für die Unterpunkte herstellt. Die Tabelle ist nunmehr mit einem klaren Handlungsauftrag versehen und die Größe der Lücken ist neutral gehalten.

6b	Third Test	March, 7th 2019

0 According to the writer what is most painful about homelessness?

a) The thought of being hungry and in in of financial support. ☐
b) Being denied any signs of friendliness. ☐
c) That the homeless are forced to spend the nights in cold temperatures. ☐
d) That the homeless are given looks of disapproval. ☒

Q1 What is the writer of the article most shocked about?

a) That people treat homeless persons disrespectfully. ☐
b) That homeless people have no money to buy food. ☐
c) That the heat of the sun nearly made her faint. ☐
d) That sleeping under bus shelters might be dangerous. ☐

Q2 What's the writer's connection to being homeless according to the text?

a) She is homeless herself. ☐
b) She acts as if she were homeless. ☐
c) She has friends who are homeless. ☐
d) She regularly walks the streets of Miami to help homeless people. ☐

Q3 What is the attitude of many people towards the homeless?

a) They think all homeless people are the same. ☐
b) They often socialise with the homeless. ☐
c) They think homelessness leads to alcoholism. ☐
d) They think they are responsible for what has happened to them. ☐

Q4 Why do some homeless people abuse drugs or alcohol according to the article?

a) to make things seem less severe ☐
b) to make their lives go back to normal ☐
c) to accept the hard facts of their lives ☐
d) to make the pain go away ☐

Q5 What might the writer of the article have said to Ivon after he had introduced himself?

a) "I know someone called Ivon." ☐
b) "That's a nice name." ☐
c) "Where does this name come from?" ☐
d) "I have never heard that name before." ☐

Q6 What happened to the third food number Ivon got?

a) Four people ripped it to pieces. ☐
b) It got stolen from him. ☐
c) He passed it on to another person. ☐
d) He gave it back to the lady who was passing them out. ☐

Q7 What did the writer of the article want to prevent in the end?

a) going back to Bayside ☐
b) Ivon accompanying her to the Government Centre ☐
c) leaving Ivon alone ☐
d) Ivon finding out about her real identity ☐

2. Listening

A Stand up for your rights

You are going to listen to five different people talking about children's human rights. First you will have 45 seconds to study the task below, then you will hear the recording twice. While listening, match the beginnings of the sentences (1–6) with the sentence endings (A to I). There are two sentence endings that you should not use. The first one (0) has been done for you.

• Bausteine →S. 64–73
• Layout →S. 90–103

Der oben dargestellte Sachverhalt lautet, „finde zu jeder der sieben Fragen die richtige aus vier möglichen Antworten. Die Nummerierung der Fragen ist ein sinnvolles, strukturgebendes Element. Da die Fragen durch das „?" bereits ausreichend als solche erkennbar sind, ist der Zusatz „Q" (für „question") bei den Nummerierungen ein unnötiges Detail. Ein gravierenderes Problem ist die Distanz zwischen den Fragen und den anzukreuzenden Quadraten, da Leser hier dazu neigen, die Zeilen zu verwechseln. [1]

6b, Third Test, 7th March 2019

0 ***According to the writer what is most painful about homelessness?***

- ☐ *The thought of being hungry and in in of financial support.*
- ☐ *Being denied any signs of friendliness.*
- ☐ *That the homeless are forced to spend the nights in cold temperatures.*
- ☒ *That the homeless are given looks of disapproval.*

1 **What is the writer of the article most shocked about?**

- ☐ That people treat homeless persons disrespectfully.
- ☐ That homeless people have no money to buy food.
- ☐ That the heat of the sun nearly made her faint.
- ☐ That sleeping under bus shelters might be dangerous.

2 **What's the writer's connection to being homeless according to the text?**

- ☐ She is homeless herself.
- ☐ She acts as if she were homeless.
- ☐ She has friends who are homeless.
- ☐ She regularly walks the streets of Miami to help homeless people.

3 **What is the attitude of many people towards the homeless?**

- ☐ They think all homeless people are the same.
- ☐ They often socialise with the homeless.
- ☐ They think homelessness leads to alcoholism.
- ☐ They think they are responsible for what has happened to them.

4 **Why do some homeless people abuse drugs or alcohol according to the article?**

- ☐ to make things seem less severe
- ☐ to make their lives go back to normal
- ☐ to accept the hard facts of their lives
- ☐ to make the pain go away

5 **What might the writer of the article have said to Ivon after he had introduced himself?**

- ☐ "I know someone called Ivon."
- ☐ "That's a nice name."
- ☐ "Where does this name come from?"
- ☐ "I have never heard that name before."

6 **What happened to the third food number Ivon got?**

- ☐ Four people ripped it to pieces.
- ☐ It got stolen from him.
- ☐ He passed it on to another person.
- ☐ He gave it back to the lady who was passing them out.

7 **What did the writer of the article want to prevent in the end?**

- ☐ going back to Bayside
- ☐ Ivon accompanying her to the Government Centre
- ☐ leaving Ivon alone
- ☐ Ivon finding out about her real identity

2

Durch die Koppelung der anzukreuzenden Quadrate mit den nunmehr fett gesetzten Überschriften und den vier möglichen Antworten entstehen sieben klar identifizierbare Informationsblöcke. Es ist hier sinnvoller, die *Fragen* statt der *Nummerierung* der Fragen fett zu setzen. Letztere sind 1. weniger wichtig für die Aufgabe und 2. bereits durch ihre Position im Weissraum hervorgehoben. Da es sich offenbar um das zweite Blatt des Tests handelt, muss die Überschrift „Third Test" nicht wiederholt werden.

Il Barocco

Il Barocco è un movimento culturale che nasce a Roma nel XVII secolo e si spinge fino ai primi decenni XVIII secolo. Coinvolge le arti figurative ma anche la musica, la letteratura e la filosofia.

Il Barocco nasce negli anni della **Controriforma**, con cui la Chiesa Cattolica reagisce alle spinte riformatrici della Chiesa Protestante riaffermando con decisione i suoi dogmi. Ciò influisce profondamente sull'arte che mira ad esaltare la grandezza di Dio e della santità, accentuandone la tragicità.

Tale grandezza viene esaltata nelle arti figurative attraverso lo **sfarzo**, il **lusso** e la **teatralità** delle figure. Questo tipo di rappresentazione verrà ripresa sfruttata dai monarchi europei per esaltare le proprie figure di potere. Il '600 è infatti anche l'epoca delle monarchie assolute.

Origini della parola: Sull'origine del nome Barocco ci sono varie ipotesi: c'è chi lo fa derivare dal francese "**baroque**", che significa "bizzarro" e chi dal portoghese "**barocco**", nome dato a una perla irregolare.

Architettura: Line curve, ricchezza di elementi decorativi, stucchi, giochi d'acqua: sono queste le caratteristiche principali dell'architettura Barocca. In questo campo si stagliano le figure di Gian Lorenzo **Bernini** e Francesco **Borromini**. Se visitate Roma potete ammirare splendide opere del Bernini come piazza S.Pietro o palazzo Montecitorio, o maestose creazioni del Borromini come la chiesa di S.Giovanni in Laterano

Scultura: Oltre che architetto, **Gian Lorenzo Bernini** è stato anche un importante scultore. Ha infatti realizzato opere come *Apollo e Dafne*, *Ratto di Proserpina* (entrambe alla Galleria Borghese di Roma) e la *fontana del Moro* a piazza Navona. Ha inoltre contribuito alla realizzazione della *fontana della Barcaccia* in piazza di Spagna, opera di suo padre Pietro Bernini.

Gian Lorenzo Bernini, Apollo e Dafne, marmo, 1622-1625, Galleria Borghese, Roma

Pittura: I pittori del Barocco sfruttano la prospettiva nell'affrescare i soffitti di chiese e palazzi, creando notevoli effetti di profondità anche attraverso la tecnica del trompe d'oeil. Su tutti gli artisti dell'epoca si stagliano le figure di **Caravaggio**, inimitabile per la maestria nell'uso della luce, quella del **Correggio** e dei **Carracci**, due fratelli e un cugino bolognesi che, fondando l'Accademia degli Incamminati, scrivono una pagina importante nell'arte dell'epoca.

Musica: È nel XVII secolo che si afferma l'opera, genere teatrale che renderà l'Italia famosa nel mondo. È il clavicembalo lo strumento principe del Barocco. Un artista di questo periodo? Antonio **Vivaldi**.

Letteratura: Sul Barocco influisce molto il peso della Controriforma che riduce lo spazio di creatività degli artisti, imponendo temi e censure. I letterati tendono così a concentrarsi soprattutto sulla forma dei loro versi, che diviene espressione della loro capacità creativa. Tra gli scrittori si afferma **Giovan Battista Marino**, poeta e scrittore napoletano.

- Bausteine →S. 64–73
- Informationsgrafiken →S. 74–89
- Emotion →S. 114–127

Auch der Vergleich dieser beiden Dokumente macht deutlich, dass das Bewusstsein für die diversen Möglichkeiten der Symbolisation und Anordnung der grafischen Bausteine deutlich leserfreundlichere Ergebnisse liefern kann. Die hier wesentliche Verbesserung besteht in der matrizenartigen Anordnung der Themen, die zusätzlich mit deutlichen Überschriften und Piktogrammen ergänzt wurden. Eine wiederkehrende Verunsicherung der Erstellerinnen dieser Dokumente lag in der Frage,

Il Barocco

Il Barocco è un ***movimento culturale*** *(pittura, scultura, musica, etc.) che nasce a Roma nel XVII secolo e si spinge fino ai primi decenni XVIII secolo. Coinvolge le arti figurative ma anche la musica, la letteratura e la filosofia.*

Origini della parola: *Sull'origine del nome Barocco ci sono varie ipotesi: 1. francese "baroque"=bizzarro 2. portoghese "barocco"= perla irregolare.*

Il Barocco nasce negli anni della Controriforma in cui la Chiesa Cattolica influisce profondamente sull'arte che mira ad esaltare la grandezza di Dio e della santità.

Tale grandezza viene esaltata nelle arti figurative attraverso il lusso e la teatralità delle figure. Questo tipo di rappresentazione verrà sfruttata dai monarchi europei per esaltare le proprie figure di potere. Il '600 è infatti anche l'epoca delle monarchie assolute.

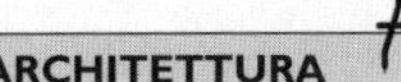

ARCHITETTURA

Caratteristiche principali: Linee curve, ricchezza di elementi decorativi, stucchi, giochi d'acqua.

Gian Lorenzo Bernini (es. piazza S. Pietro)

Francesco Borromini (es. chiesa di S. Giovanni).

SCULTURA

Gian Lorenzo Bernini è stato anche un importante scultore. (es. *Apollo e Dafne*, *fontana del Moro* a piazza Navona).

PITTURA

I pittori del Barocco sfruttano la prospettiva nell'affrescare i soffitti di chiese e palazzi, creando notevoli effetti di profondità.

Caravaggio conosciuto per l'uso della luce.

Correggio

I Carracci (due fratelli e un cugino bolognesi che, fondando l'Accademia degli Incamminati).

MUSICA

È nel XVII secolo che si afferma l'opera, genere teatrale che renderà l'Italia famosa nel mondo.

È il clavicembalo lo strumento principe del Barocco.

Antonio Vivaldi

LETTERATURA

Sul Barocco influisce molto il peso della Controriforma che riduce lo spazio di creatività degli artisti, imponendo temi e censure. I letterati tendono così a concentrarsi soprattutto sulla forma dei loro versi, che diviene espressione della loro capacità creativa.

Giovan Battista Marino poeta e scrittore napoletano.

SCIENZA

É in epoca barocca che **Galileo** fa la sua rivoluzionaria scoperta, aprendo la strada al metodo scientifico e all'Illuminismo.

ob Inhalte auch adaptiert bzw. gekürzt werden dürften, so wie dies hier bei „Scultura" geschehen ist. Die Antwort aus Sicht des Dokumentgestalters ist: selbstverständlich ja. In diesem Buch ist an vielen Stellen von „weniger ist mehr" die Rede. Da sich gutes Dokumentdesign als Ergebnis eines Zusammenspiels von redaktionellen und grafischen Entscheidungen versteht, bedingt die grafische Präzision eine sprachliche und umgekehrt.

Anhang

- **Zur Bildsuche für Lernmaterialien**
- **Bildnachweise**
- **Anmerkungen**
- **Bibliografie**
- **Stichwortverzeichnis**

Zur Bildsuche für Lernmaterialien

Dass Sie als Lehrer·in und Dozent·in auf den Einsatz von Bildmaterial angewiesen sind, um gelingende Lernmaterialien zu gestalten, war ein wesentlicher Teil der Überlegungen in diesem Buch. In der Praxis greift man dabei mitunter auf Material zu, das einem „spontan“ begegnet – ein Umstand, der auch rechtliche Fragen aufwirft.

Das Urheberrecht schützt das geistige Eigentum der Urheber·innen. Er·sie hat das *ausschließliche* Recht, sein·ihr Werk auf die von ihm·ihr gewünschte Art und Weise zu nutzen und zu verwerten.

Zwar ist es Lehrpersonen grundsätzlich erlaubt, Werke ohne Zustimmung des·r Urheber·in für Zwecke des eigenen Unterrichts und der eigenen Lehre einzusetzen, doch hiervon gibt es diverse Ausnahmen (Schulbücher, Musiknoten, Personenfotos ...). Es erscheint wenig ratsam, sich hier in einen rechtlichen Graubereich zu begeben, zumal es eine Reihe an rechtlich einwandfreien Alternativen gibt.

Vertrauen Sie daher auf Ihren gesunden Menschenverstand und verwenden Sie NIE Bildmaterial, 1. dessen Quelle und Urheber·in Sie nicht kennen oder das Sie 2. „einfach so“ aus dem Internet kopiert haben.

Der sichere Weg:

- Nutzen Sie eigenes Bildmaterial, eigene Fotos, eigene Zeichnungen.
- Sie können auch selbst erstelltes Bildmaterial von Kolleg·innen verwenden (vereinbaren Sie hierzu Art und Reichweite der Nutzung).
- Prüfen Sie, ob Ihre Schule Lizenzen mit Plattformen für Lehrer·innen erworben hat, die die Nutzung von Bildmaterial einschließen.
- Darüber hinaus gibt es mittlerweile zahlreiche kostenfreie Bildangebote, die Sie nach einmaliger Anmeldung für Ihre Zwecke nutzen dürfen. Konzentrieren Sie sich auf Angebote, die die Nutzung eindeutig und leicht nachvollziehbar erläutern (dies gilt übrigens auch für Bezahlangebote).
- Begegnet Ihnen bei Ihrer Recherche z. B. in Wikipedia die Creative Commons-Lizenz „CC0“ sind Sie rechtlich auf der sicheren Seite.

Tipp: Notieren und kopieren Sie sich die jeweiligen Bildnachweise und Quellen für sich ans Ende Ihres Dokuments auf einer eigenen Seite, die Sie nicht mit ausdrucken oder als Teil eines PDF weitergeben. So haben Sie im Bedarfsfall immer alle Angaben schnell zur Hand.

Bildnachweise

- Auf Abbildungen von selbst erstellten Lernmaterialien der auf S. 158 genannten Lehramts-student·innen wird wie folgt verwiesen:
  Nachname X: *Titel des Blatts.*
  Wenn darin Bildmaterial eingesetzt wurde mit dieser Ergänzung:
  Nachname X: *Titel des Arbeitsblatts.* (Bilder: Urheber·in)
- Auf sonstige Illustrationen und Fotos im Buch wird in dieser Form verwiesen:
  Bild: Nachname bzw. Nickname/Onlineplattform

Titelseite Mariacher C: *Viel Glück* (Belvedere: Anemone123/pixabay.com und Dariusz Sankowski/pixabay.com)
S. 20 languageleader: *Halloween.* (Bilder: iSLCollective)
23 Maschler L K: *Überarbeitung: Halloween.* (Bilder: Fretwurst K)
24, 32, 33 Bilder aus: „Francesco Colonna, La Hynerotomachia di Poliphilo. Venedig : Aldo 1545" (ULBT, Sign. 253106). Universitäts- und Landesbibliothek Tirol
27 Screenshot der Glyphenpalette von Adobe InDesign CS 6
28 o Astner S: *Aufklärung*
28 u Totis V: *Hotel*
38, 138 *Homeless* (Name der Erstellering·in ist leider unbekannt)
39, 72, 139 Gerbis A: *Überarbeitung Homeless*
40 Lübke-Ahrens M: *Alte Meister.* (www.luebke-ahrens.at)
45, 100, 122 Beluli H: *Partei.* (Bild: OpenClipart-Vectors/pixabay.com)
50, 51, 58, 59 Kapeller A: *Personalpronomen.* (Piktogramme: aus MS Word)
52 Bilder aus „Encyclopédie ou dictionnaire raisonné des sciences arts et des métiers … Publ. par Diderot et d'Alembert. – 3.éd. – Livourne 1770-79" (ULB, Sign. 100.520). Universitäts- und Landesbibliothek Tirol
54 Eckmayer J: *Wochenplan.* (Text: Seeberger J, Education Group GmbH, Piktogramme: Fretwurst K)
57, 116, 117 Castlunger S: *Puls.* (Text: lehrerfortbildung-bw.de, Bild: Fretwurst K)
61–62 Mariacher C: *Hauptschulbuch.* (Beitrag zu einem Gestaltungswettbewerb des öbv, Text und Bilder wurden vom Verlag zur Verfügung gestellt, der Name der Illustrator·in ist leider unbekannt)
66, 67, 69–71 Wankmiller K: *Ostrakismus.* (Bilder: Wankmiller K, MS Word)
68, 96 r Bild: VitalyEdush/istockphoto.com
76, 77 Stuehrenberg S: *Schaltung.* (Text und Bilder: Gasser I)
78 Bilder aus einer astronomischen Sammelhandschrift. Schnals: 15. Jahrhundert (ULBT, Sign. AT4000-1032). Universitäts- und Landesbibliothek Tirol

79 Mariacher C: *Informationsgrafiken*
80 Mariacher C: *Zeitachse.* (Text und Bilder aus: „Fakultätsbericht. School of Education")
81, 82–83 Bilder: Otto and Marie Neurath Isotype Collection, University of Reading
84 Gerold F: *Europa.* (Bild: Mapswire/pixabay.com)
85 Mariacher C: *Zeitachse.* (Basisdesign für die Ausstellung „widerstand und wandel", Bild: Wett G R)
86 o Hochradner T: *Erdzeitalter.* (Bilder: Fretwurst K)
86 u Mariacher C: *Frankenreich*
87 Mariacher C: *Beschneiung* (aus: „Vermessungen. Tirol auf der statistischen Couch")
88 Fretwurst K: *Diagrammmüll.*
57, 116, 117 Rohrer M: *Mittelalter.* (Text: Mistelberger A, Bild: No-longer-here/pixabay.com)
95 beide o Fretwurst K: *Twyman Grafiken*
95 u Bild: DSGpro/istockphoto.com
96 l, 130, 131 Grünwald I A: *Glaube.* (Text und Bilder Ausgangsdokument: Krumbiegel R, www.reli-mat.de)
97 o, 99 Wohlfahrt S: *Campo–Ciudad.* (Bilder: Eric Fischer/commons.wikimedia.org und cocoparisienne/pixabay.com)
97 u, 98 Mariacher C: *Doppelseite*
101 Nach Vorlage Stuflesser T: *Martin Luther King.* (Bild: WikiImages/pixabay.com)
106 Mariacher C: *Seminar.* (Danke den Teilnehmer·innen für das Einverständnis zur Reproduktion)
108 o Bild: fult/photocase.de
110, 111 Schratz M, Mariacher C: *Landkarte der Individualisierung.*
119 Bild: ilbusca/istockphoto.com
120 Bild: JackF/istockphoto.com
121 Nach Werfel S (2019, 167): *Überladenes Schulbuch* (Bild: deutsch.punkt 1. Sprach-, Lese- und Selbstlernbuch. 2. edn. Leipzig: Ernst Klett Schulbuchverlag
123, 140, 141 Piccolruaz S: *Barocco.* (Text: aus dueminutidiarte.com, Piktogramme: MS Word)
132, 133 Millien S: *Demokratie,* (Piktogramme: srip/flaticon.com und Freepik/flaticon.com")
134, 135 Davies J: *Schneemann,* (Bilder: aus www.leifiphysik.de (der Name der Urheber·in ist leider unbekannt) und jano gepiga/www.pexels.com)
136, 137 Niederkofler P: *Ernährung,* (Bilder: Fretwurst K)
159 Einkemmer F: *C. Mariacher*

Anmerkungen

Einleitung

1 Seminar „Gestaltung schriftlicher Unterlagen für die Schule" am Institut für LehrerInnenbildung und Schulforschung (ILS) der Universität Innsbruck

2 Eine Erklärung von über 130 Leseforscher·innen mit Befunden und Empfehlungen zum Lesen und Lernen im Kontext der Digitalisierung. (Brown G et al., 2019)

Kapitel 0

1 Für eine ausführliche Behandlung der Frage, wie Design als Beratungsstrategie aufgefasst werden kann siehe Martschenko, 2020.

2 Dass grundsätzlich von „Lern-" statt „Lehrmaterialien" die Rede ist, ist eine bewusste Entscheidung, die die Nutzerorientierung des Buchs in Erinnerung rufen soll.

3 Den Herausforderungen einer gendergerechten Sprache wird neben der Ausformulierung des Maskulinums bzw. Femininums mit der Strategie des „Gendersternchens" begegnet. Der mittlere Punkt „·" wird dabei aus ästhetischen Gründen dem Asterisk „*" vorgezogen.

Kapitel 1

1 In der Praxis des Schriftdesigns werden häufig historische Schriftformen als Vorbild für einen neuen Entwurf verwendet. Als Beispiel sei die „Französische Renaissance Antiqua" namens „Garamond" genannt. Ihr Schöpfer, Claude Garamond arbeitete im Paris des frühen 16. Jh. Verwenden wir heute eine Schrift namens „Garamond", so ist damit eine im weitesten Sinne Nachzeichnung seiner Vorlagen gemeint. Sauthoff et al. (1981) nennen nicht weniger als acht Schriftarten, die unter dem Namen „Garamond" erhältlich sind. Wenn Pool (2020) von einer „falschen Garamond" spricht, so ist dies vor dem Hintergrund der variierenden Qualitäten dieser so benannten Schriftarten zu verstehen.

2 Der Begriff „Leserlichkeit" wird im Text dann verwendet wenn von Qualitätskriterien des Schriftentwurfs die Rede ist. Gemeint ist beispielsweise, wie gut sich 1, L, l voneinander unterscheiden lassen. „Gute oder schlechte Lesbarkeit wäre dann das Kriterium der Zurichtung einer Schrift, soll heißen, wie regelmäßig der Rhythmus der schwarzen und weißen Portionen in Wortteilen, Wörtern und Zeilen sich darstellt." Tiefenthaler (2019, 29). Genau genommen müsste die Aussage also lauten, „[…] wie problemlos die dort verwendeten Schriften für uns auch heute noch *leserlich und lesbar* sind.

3 Für mathematischen Satz eignet sich insbesondere die Schrift Cambria math. Eine ausführliche Behandlung zu Fragen des mathematischen Satzes findet man bei Mills R, Hudson J (ed)(2007) – als PDF kostenlos downloadbar unter https://docs.microsoft.com/en-us/

typography/cleartype/clear-type-font-collection#cambria-math

4 „Im Jahrhunderte währenden Streit zwischen Parteigängern der Fraktur und der Antiqua wurden immer wieder Tests über die Lesbarkeit der beiden Schriften durchgeführt, deren Ergebnisse allerdings sehr unterschiedlich und teilweise sehr widersprüchlich waren. […] Der im Frakturlesen Geübte wird die Fraktur schneller lesen als die Antiqua."
Kapr (1993, 72)

5 Der Begriff „Alphabet" wird nach Sommer (2003, 25) aufgefasst: „Als Schrift im technischen Sprachgebrauch versteht man das vollständige Alphabet einer Schrift. Dazu gehören die Versalien, die Gemeinen, die Ligaturen, die Akzente, die Ziffern und die Interpunktionen. Das Alphabet umfasst rund 124 Zeichen, wobei hier die zusätzlichen Spezialzeichen wie mathematische Zeichen usw. nicht miteingerechnet sind."

6 „Less cuddly, more assertive" Berry (2004, 38).

7 „If one of the purposes of teaching children to read is to familiarise them with the typographic conventions of reading, then specially-designed typefaces may not be the answer." und „However, children's ability to cope with such extremes, albeit in a test situation, suggests that focusing on very particular issues, such as whether serif or sans serif type is „best" […] may not be as relevant as once thought" Walker (2005, 13 und 19)

8 „Whatever the reason, […] serifs are not by default a legibility-improving feature".
Beier (2012, 127)

9 „So typeface is for most readers not an interest." Sturt (2017).

Kapitel 2

1 Unter dem gemeinsamen Dach der „Sprache" finden sich bei Twyman „aural" und „visual". Unter Ersterem ist die gesprochene sowie gestikulierende Sprache gemeint. Unter Letzterem im Wesentlichen folgende drei Zweige der „Graphic Language": „verbal", „pictorial", „schematic". Unter „verbal graphic language" ist bemerkenswerterweise das deutsche Wort „Schrift" zu verstehen, für das es im Englischen in der Form keine Entsprechung gibt. („Type" meint Satzschrift und „Handwriting" Handschrift).
(1982, 7)

2 „Where can I avoid clutter in my language" Bain (2004, 59)[1]

3 Tiefenthaler fasst lesen auch als körperliche Tätigkeit auf, die noch vor der geistigen steht und also eine Art von Leseergonomie zur Unterstützung braucht. „Im Gesamten gilt es, überdurchschnittlich große schwarze Flecken und weiße Löcher im Schriftmusterbild zu vermeiden."
(2019, 30)

4 Spiekermann verwendet das Bild einer Stadtsilhouette: „Eine gewachsene Stadt erkennt man schon am Umriss – auch ein bekanntes Wort muss man nicht erst buchstabieren." (1994, 54–55). Gemeint ist, dass Wörter in Groß-Kleinschreibung eine ebenso mar-

kante und wiedererkennbare Silhouette erzeugen, während diese bei reinem Versalsatz stets eintönig-rechteckig bleibt.
Beier (2012, 120–121) widerspricht dieser Auffassung und verweist auf neuere Forschung, derzufolge wir während des Lesens beides registrieren, die individuelle Zeichen- *und* Wortform.
Da in beiden Fällen von Versalsatz bei längeren Texten abgeraten wird, ist es aus Sicht des Pragmatikers unbedeutend, ob sich die *Begründungen* für die beobachtete, erschwerte Lesbarkeit widersprechen.

5 Frick unterscheidet „Lesegrößen (9 bis 12 Punkt)", „Konsultationsgrößen (6 bis 8 Punkt)" und „Schaugrößen (ab 14 Punkt). Mit Lesegrößen sind „Texte, mit denen man sich längere Zeit beschäftigt." gemeint „Diese Größen sind optimal lesbar" (1996, 35)

Kapitel 3

1 In der Einleitung wird erläutert, dass die Prinzipien dieses Buchs unabhängig vom gewählten Medium funktionieren. Wenn also das Thema Farbe mehrfach im Buch behandelt wird, so im Bewusstsein, dass ausgedruckte Lernmaterialien schwarzweiss produziert werden. Dies gilt allerdings nicht für PDFs und andere Medien, die Sie digital zur Verfügung stellen möchten.

Kapitel 5

1 Lidwell et al. (2003, 84–85) zeigen dieses Organisationsprinzip anhand der Illustration der höchsten Gebäude der Welt:
• Ordnung nach Alphabet: „Canadian National Tower, Citic Plaza, Jin Mao Building […]"
• Ordnung nach Baujahr/Zeit: „1967 Ostankino Tower, 1973 World Trade Center, 1974 Sears Tower […]"
• Die örtliche Ordnung wurde als Darstellung der Türme auf einer Weltkarte umgesetzt.
• Für die Ordnung nach Kontinuum wurden die Türme ihrer Höhe nach gereiht (Einheit Fuß, Bem.): „1283' Citic Plaza, 1362' Tianjin TV Tower […]"
• Für die Ordnung nach Kategorie wurden zwei Gruppen geformt, nämlich die der Türme und die der Gebäude.

2 z. B. https://openclipart.org/

Kapitel 7

1 „The role of the designer is that of a good, thoughtful host anticipating the needs of his guests." Eames (vitra, 2020)

2 Die zehn Regeln sind ein Auszug aus einer E-Mail-Konversation zwischen Robin Kinross und Paul Stiff. Kinross schickte 15 Kollegen den Wortlaut von Dogme 95, einem Manifest von Lars von Trier und Thomas Vinterberg, in dem Regeln für die Gestaltung von Filmen angeführt werden. Kinross stellte seinen Kollegen die Frage, ob sie sich eine ähnliche Liste für den Bereich Grafikdesign vorstellen könnten. Paul Stiff war der Einzige, der antwortete: „Ten [design-princi-

ples] to start with: • Readers come first, second, and third. Designing is not done for peer approval or prizes. • Readers are neither target audiences nor clichés: they bring their own purposes and questions to every encounter with text.
• Reading is not one-dimensional: there are many reading-acts.
• Content matters: design nothing that is not worth reading.
• Stand by meaning. • Embrace the big picture. • Attend to details.
• Looking good is better than looking different. • Looking good is worthless without making sense.
• Designing and making is collective work: many brains and hands are involved. The designer must not be credited unless all other workers are also credited."
Stiff, 1999 [Danke an Robin Kinross für die Erlaubnis der Reproduktion.]

3 „If out of reading this book you get just one thing – an increased tendency to think always in terms of other people's point of view, and see things from their angle – if you get that one thing out of this book, it may easily prove to be one of the building blocks of your career." Carnegie (1936, 45)

4 Norman bespricht hierfür Philippe Starcks ikonenhafte Zitronenpresse und bemerkt, dass sie aufgrund einer Flachgoldapplikation für die Aufgabe des Zitronen-Pressens ungeeignet sei. Er schließt mit einem Zitat des Designers, wonach die Presse nicht für diesen Zweck entworfen worden sei – vielmehr solle sie „Gespräche starten". (2004, 112)

5 Die Vorgangsweise ist inspiriert von Maren Martschenkos „Fragebogen zum Auftraggeber-Profiling" (2020, 101–102).

Kapitel 8

1 „How will I create a safe environment in which students can try, fail, receive feedback and try again?" Bain (2004, 60)

2 Robin Kinross schreibt diesbezüglich, dass die tabellarische Anordnung eines Zugfahrplans mit *rhetorischen* Mitteln arbeitet, da sie die Information organisiert, artikuliert und ihr visuelle Präsenz gibt (1985, 19)

3 Deutsche Übersetzung mit Anmerkungen und Nachwort: Krapinger (1999)

Kapitel 9

1 Diesbezüglich hatte der Autor während seines MA an der University of Reading an einer Studie mitgewirkt, in der „Performance" und „Preference" in Bezug auf drei typografische Inhaltsverzeichnisvarianten getestet wurde. Es wurde dabei für die räumliche Koppelung Stichwort-Seitenzahl (Beispiel 1) ein deutlicher Vorteil gegenüber der Variante Stichwort linksbündig, Seitenzahl rechtsbündig (Beispiel 2) gemessen. (Mariacher, 2006). Beispiele 1 und 2:

1 Schlagwort **S. 150**
2 Schlagwort **S. 150**

Bibliografie

Adams E, van Gorp T (2012). *Design for Emotion.* Waltham: Elsevier

Adler M J, van Doren C (1972). *How to read a book. The classic guide to intelligent reading.* 2014 edn. New York: Touchstone

Aicher O (1991). *die welt als entwurf.* 1992 edn. Berlin: Ernst & Sohn

Bain K (2004). *What the best college teachers do.* Massachusetts: Harvard University Press

Barker P, Hailstone M, Simmonds M (1986). „An experimental study of some effects of figure-ground contrast on the use of street maps". In *Information Design Journal.* 4/3, 212–220

Beier S (2012). *Reading Letters. designing for legibility.* Amsterdam: BIS Publishers

Berry J (2004). *Now read this. The Microsoft ClearType Font Collection.* Microsoft Corporation

Birdsall D (2004). *notes on book design.* New Haven & London: Yale University Press

Blades M, Spencer C (1987). „How do people use maps to navigate through the world?". In *Cartographica.* 24/3, 64–75

Böhringer J, Bühler O, Schlaich P (2000). *Kompendium der Mediengestaltung.* 2011 edn. Berlin, Heidelberg: Springer

Bosshard H R (2006). *Der typografische Raster. The Typographic Grid.* 2nd edn. Zürich: Niggli

Brown G et al. (2019). „Zur Zukunft des Lesens". 16. 8. 2021 online. https://www.faz.net/aktuell/feuilleton/buecher/themen/stavanger-erklaerung-von-e-read-zur-zukunft-des-lesens-16000793.html

Burger T (2018). *Rhetorik für Lehrkräfte.* Bad Heilbrunn: Julius Klinkhardt

Burke C, Kindel E, Walker S (eds.) (2013). *Isotype. Design and contexts.* London: Hyphen Press

Carnegie D (1936). *How to Win Friends & Influence People.* 1981 edn. New York: Pocket Books

Černe Oven P, Požar C (eds) (2016). *On Information Design.* PDF edn. Ljubljana: Museum of Architecture and Design

Colour Blind Awareness. 16. 1. 2019 online. http://www.colourblindawareness.org/colour-blindness/

Diemand-Yauman C, Oppenheimer D, Vaughan E (2010). „Fortune favors the Bold (and the Italicized): Effects of disfluency on educational outcomes". In *Cognition.* 118 (2011) 111–115

DIN 1450. April 2013. *Schriften – Leserlichkeit*

DIN 1451-1. Dezember 2018. *Schriften – Serifenlose Linear-Antiqua – Teil 1: Allgemeines*

DIN 5008. März 2020. *Schreib- und Gestaltungsregeln für die Text- und Informationsverarbeitung.* inkl. Beiblatt 1, Juni 2011 und Berichtigung 1, Juli 2020

Duden. 15. 1. 2019 online. https://www.duden.de/rechtschreibung/Serife

dos Santos Lonsdale M (2007). „Does typographic design of examination materials affect performance?". In *Information Design Journal.* 15/2, 114–138

Persona-Profil. 13. 2. 2020 online. http:espressinar.de/downloads/

Forssman F, de Jong R (2004). *Detailtypografie.* 3 edn. Mainz: Hermann Schmidt

Forssman F, Willberg H P (2003). *Erste Hilfe in Typografie. Ratgeber für Gestaltung mit Schrift.* 4th edn. Mainz: Hermann Schmidt

Frick R, comedia-Autorenkollektiv (1996). *Satztechnik und Typografie. Band* 2. Bern: comedia-Verlag

Frutiger A (1978). *Der Mensch und seine Zeichen.* 2000 edn. Wiesbaden: Fourier Verlag

Gorbach R P (2001). *Typografie professionell.* Bonn: Galileo Press

Gretsch P, Holzäpfel L (ed) (2016). *Lernen mit Visualisierungen.* Münster, New York: Waxmann

Gulbins J, Kahrmann C (1992). *Mut zur Typografie. Ein Kurs für Desktop-Publishing.* 2000 edn. Berlin, Heidelberg, New York: Springer

Haarman H (1998). *Universalgeschichte der Schrift.* 1991 edn. Köln: Parkland

Hebblethwaite C (2010). „Making things hard to read, can boost learning". 16. 1. 2020 online. https://www.bbc.com/news/world-11573666

Hochuli J (2005). *Das Detail in der Typografie.* Sulgen, Zürich: Niggli

Hodgkiss A G (1970). *Maps for Books and Theses.* Newton Abbot: David & Charles

Hußmann A, Wendt H, Bos W, Bremerich-Vos A, Kasper D, Lankes E M, McElvany N, Stubbe T C, Valtin R (eds) (2017). *IGLU2016. Lesekompetenzen von Grundschulkindern in Deutschland im internationalen Vergleich.* Münster: Waxmann

Jörke D (2010). „Aristoteles' Rhetorik: Eine Anleitung zur Emotionspolitik". In *Österreichische Zeitschrift für Politikwissenschaft*. 39/2, 157–169

Kapr A (1993). *Fraktur. Form und Geschichte der gebrochenen Schriften*. Mainz: Verlag Hermann Schmidt

Kinross R (1985). „The Rhetoric of Neutrality". In *Design Issues*. II/2, 18–30

Krapinger G (1999). *Aristoteles Rheorik*. 2019 edn. Ditzingen: Reclam

Lawson A (1990). *Anatomy of a typeface*. 2010 edn. Boston: David R. Godine

Lidwell W, Holden K, Butler J (2003). *Universal Principles of Design*. Beverly, Massachusetts: Rockport Publishers

Lund O (1999). *Knowledge construction in typography: the case of legibility research and the legibility of sans serif typefaces*. Thesis for the degree of Doctor of Philosophy Dpt of Typography & Graphic Communication, University of Reading

Mariacher C (2006). *Testing performance and preferences for three styles of contents pages*. Unveröffentlichte Studie aus dem MA Information Design, University of Reading

Martschenko M (2020). *Design ist mehr als schnell mal schön*. Mainz: Verlag Hermann Schmidt

Mathea S, Schulz G (2020). *Kommentar zur DIN 5008:2020*. Berlin, Wien, Zürich: Beuth

Mills R, Hudson J (ed)(2007). *Mathematical Typesetting*. Microsoft Corporation

Moser H (2002). *Surprise me. Editorial Design*. Mainz: Verlag Hermann Schmidt

Nadolski D (ed)(2004). *Didaktische Typografie*. Leipzig: Fachbuchverlag Leipzig

Neurath M, Kinross R (2009). *The transformer. principles of making Isotype charts*. London: Hyphen Press

Neurath O (2010). *From hieroglyphics to Isotype. a visual autobiography*. London: Hyphen Press

Noordzij G (2005). *The stroke. theory of writing*. 2009 edn. London: Hyphen Press

Norman D A (2004). *Emotional Design*. 2005 edn. New York: Basic Books

Norman D A (1988). *The design of everyday things*. 2002 edn. New York: Basic Books

O. A. (2010). „Do typefaces really matter?“. 6. 11. 2020 online. https://www.bbc.com/news/magazine-10689931

Pool A J (2020). *Schulbuch.* Auszug aus einer E-Mail-Konversation der Gruppe Lesbar.

Potter N (1980). *What is a designer.* 2002 edn. London: Hyphen Press

Ritter A, Sauer B, Mariacher C (2014). *Vermessungen. Tirol auf der statistischen Couch.* Innsbruck: aut

Rosa H (2016). *Resonanz. Eine Soziologie der Weltbeziehung.* 2018 edn. Berlin: Suhrkamp

Sauthoff D, Wendt G, Willberg H P (1981). *Schriften erkennen.* 2003 edn. Mainz: Verlag Hermann Schmidt

Schriver K (1997). *Dynamics in document design.* New York, Chichester, Brisbane, Toronto, Sigapore, Weinheim: John Wiley & Sons

Schwesinger B (2007). *Formulare gestalten.* Mainz: Verlag Hermann Schmidt

Smitshuijzen E (2007). *Signage Design Manual.* Baden, Schweiz: Lars Müller Publishers

Sommer M, comedia-Autorenkollektiv (2003). *Satztechnik und Typografie. Band 1.* Bern: comedia-Verlag

Song H, Schwarz N (2008). „If It's Hard to Read, It's Hard To Do (Short Report)“ In *Psychological Science.* 19/10, 986–988

Spiekermann E (1994). *Ursache & Wirkung: ein typografischer Roman.* Mainz: Verlag Hermann Schmidt

Stiff P (1999). *Ten to start with.* Auszug aus einer E-Mail-Konversation zwischen Robin Kinross und Paul Stiff

Sturt G (2017). „Dutch Design Heroes: Paul Mijksenaar“. 15. 1. 2019 online. https://medium.com/inside-vbat/dutch-design-heroes-paul-mijksenaar-8305716a57e6

Thurm V (ed)(2003). *Wien und der Wiener Kreis. Orte einer unvollendeten Moderne.* Wien: Facultas

Tiefenthaler M (2019). „Zuerst liest der Körper, dann der Geist“. In Borinski U, Gorbach R P (eds). *Lesbar. Typografie in der Wissensvermittlung.* Zürich: Triest, 2019

Tille-Koch (2014). *Auf dem Weg zum Lieblingslehrer.* 2015 edn. Kerpen: Kohl-Verlag

Torberg F (1930). *Der Schüler Gerber hat absolviert.* Wien: Zsolnay

Tufte E R (1990). *Envisioning Information.* 2006 edn. Cheshire, Connecticut: Graphics Press

Tufte E R (2001). *The Visual Display of Quantitative Information.* 2004 edn. Cheshire, Connecticut: Graphics Press

Tufte E R (1997). *Visual Explanations.* 2005 edn. Cheshire, Connecticut: Graphics Press

Twyman M (1982). „The graphic presentation of language." In *Information Design Journal.* 3/1, 2–22

Unger G (2009). *Wie man's liest.* Sulgen, Zürich: Niggli

van Gorp T, Adams E (2012). *Design for Emotion.* Waltham, MA: Morgan Kaufmann

vitra. about being a good host. 5. 11. 2020 online. https://www.vitra.com/en-us/magazine/details/about-being-a-good-host

von Debschitz U & T (2013). *Fritz Kahn.* Köln: Taschen

Walker S (2005). *The songs the letters sing: typography and children's reading.* Reading: National Centre for Language and Literacy

Walters J L (2013). *Fifty typefaces that changed the world.* London: Conran Octopus

Waller R (2011). *What makes a good document?* PDF von www.simplificationcentre.org.uk

Waller R (2016). *Layout in the digital age.* PDF-Präsentation im Zuge der Information Design Summer School 2016

Waller R (2016). *Graphic editing: typography and layout.* PDF-Präsentation im Zuge der Information Design Summer School 2016

Warde B (1956). *The Crystal Goblet Sixteen Essays on Typography.* Cleveland and New York: The World Publishing Company

Werfel S (2019). „Schulbuchgestaltung in digitalen Zeiten" in Borinski U, Grobach R P (eds). In *Lesbar. Typografie in der Wissensvermittlung.* Zürich: Triest, 2019

Willberg H P, Forssman F (1999). *Erste Hilfe in Typografie.* 2003 edn. Mainz: Verlag Hermann Schmidt

Willberg H P, Forssman F (1997). *Lesetypografie.* 2010 edn. Mainz: Verlag Hermann Schmidt

Wikipedia. 6. 11. 2020 online. https://de.wikipedia.org/wiki/Emoticon

Wikipedia. 19.3.2020 online. https://de.wikipedia.org/wiki/Heldenreise

Wikipedia. 6. 11. 2020 online. https://de.wikipedia.org/wiki/Individualisierung

Stichwortverzeichnis

Dank

Für Unterstützung, Ideen und Rückmeldungen zum Text:

Markus Fillafer
Kay Fretwurst
Rudolf Paulus Gorbach
Friederike Gösweiner
Elena Grigolato
Eric Kindel
Ralf Krumbiegel
Robin Kinross
Elske Körber
Christian Kraler
Markus Lein
Gerry Leonidas
Oliver Linke
Marlene Lübke-Ahrens
Ole Lund
Emma Minns
Albert-Jan Pool
Markus Rathgeb
Clive Richards
Arno Ritter
Michael Schratz
Katharina Steinmüller
Ruth Streegels
Martin Tiefenthaler
Thomas Tilsner
Rob Waller
Silvia Werfel
Günter Richard Wett
Peter Zerlauth

Studierende, deren Arbeiten abgebildet wurden:

Silke Astner
Hajret Beluli
Sofia Castlunger
Johannes Davies
Janine Eckmayer
Annalena Gerbis
Franziska Gerold
Isabella Annette Grünwald
Theresa Hochradner
Andrea Kapeller
Linda Kristin Maschler
Shona Millien
Petra Niederkofler
Simon Piccolruaz
Theresa Rohregger
Martina Rohrer
Shirin Stuehrenberg
Tanja Stuflesser
Verena Totis
Kathrin Wankmiller
Sonja Wohlfahrt

Christian Mariacher, geboren 1972, studierte Fine Art Printmaking (BA) an der Metropolitan University in Manchester und Information Design (MA) bei Prof. Paul Stiff an der University of Reading in England. Nach Tätigkeit in Wien und Bozen Gründung des Ateliers für Informationsdesign in Innsbruck (2006, www.ateliermariacher.at). Dozent für Typografie an der DHBW Ravensburg und Seminarleitung „Wie gestalte ich gute Lernmaterialien?" am Institut für LehrerInnenbildung und Schulforschung an der Universität Innsbruck. Sein besonderes Interesse gilt der visuellen Unterstützung von Bildungsprozessen mit Informationsgrafiken, Orientierungshilfen und Typografie. Er ist Mitglied bei Design Austria, der Sign Design Society London, dem Internationalen Institut für Informationsdesign (IIID) und der Typografischen Gesellschaft München. Seine Arbeiten wurden vielfach ausgezeichnet. Er ist Vater einer Tochter und praktiziert Karate und Zen.

BENE EVENIAT!